Günther Mainzer

Wohin?

Günther Mainzer

Wohin?
Gedanken zur Zeit

Projekte-Verlag

Impressum

1. Auflage
© Projekte-Verlag Cornelius GmbH, Halle 2007 • www.projekte-verlag.de

Satz und Druck: Buchfabrik JUCO • www.jucogmbh.de

ISBN   978-3-86634-297-2
Preis: 9,80 EURO

In den 2001 erschienenen „Biografischen Notizen" versprach ich, meine Meinung zum neuen Jahrhundert später aufzuschreiben. Das schon im 7. Jahr zu versuchen, ist wohl doch vermessen. Da ich aber seit 1990 Gedanken zu den Zeitgeschehnissen in Briefen, Tagebüchern oder anderen Aufzeichnungen schriftlich festhielt, kann ich sie als „Gedanken zur Zeit" zusammenstellen. Der Titel „Wohin?" erklärt sich aus der Sorge um die nach uns Kommenden. Herzlichen Dank allen, die beim Korrigieren halfen und mir Hinweise gaben.

Halle, im Februar 2007

Zempin auf Usedom

30. Januar 1990

Es ist ein kleiner Badeort, vormals ein Fischerdorf. In der Literatur wird auf Fischerei und Räucherei hingewiesen. Davon sieht man jetzt im Januar 1990 nur ein paar Fischerkähne und leere Fischkisten. Badeort könnte man sich noch vorstellen, bei Sonnenschein, am FKK-Strand und bei Urlauberbetrieb. Aber davon ist, außer Sonnenschein, nichts zu sehen. Selbst in Zinnowitz, dem Renommierbad, gibt es nur Kurbelegungen. Die Urlaubseinrichtungen sind verwaist. Die Fischereigenossenschaft liegt im Innern der Insel zwischen Friedhof, Kindergarten und Damenschneiderei versteckt. Im Lebensmittelkonsum antwortet die Verkäuferin auf die Frage nach Fisch: „Vielleicht im Februar", fast so, als wolle man in einem normalen Obst- und Gemüsegeschäft der DDR Ananas oder Bananen kaufen. Der Ort macht keinen guten Eindruck auf uns. Ist es die Zeit, Januar 1990, in der sich so viele an den Rand der Gesellschaft gedrängt fühlen, oder ist es unser „bescheidenes" Heim? Urlaubsstimmung will jedenfalls nicht aufkommen.

Das Heim gehört der Eisenbahn, nur gepachtet, woraus sich einige Unzulänglichkeiten erklären. Es ist sehr klein, insgesamt sind wir nur acht Feriengäste. Da könnte man ja eine Luxusbedienung erwarten. Aber weit gefehlt, die Belegschaft – in gleicher Größenordnung – ist frustriert, schimpft auf die Leitung im fernen Halle, droht mit Streik, wenn sich keiner sehen lässt. Die Herberge ist wirklich primitiv: sehr kleine Zimmer, keine Möglichkeit zum Schreiben, nur ein Stuhl und ein Hocker, ein Nachttisch, eine Plasteschüssel auf einem wackeligen Tisch zum Waschen, ein Spind und die beiden Betten, das ist das ganze Mobiliar.

Wir nutzen die reine Seeluft und das bisher schöne Wetter ausgiebig zum Wandern, Wassertreten in der kalten Ostsee und Schwimmen in der Meeresschwimmhalle Zinnowitz, aber auch hier in Zempin, im Hallenbad der Armaturenwerker.

02. Februar 1990

Bisher hat uns das Wetter nicht im Stich gelassen, und wäre nicht die allgemeine Verunsicherung unserer Gesellschaft so groß, wir hätten vielleicht schon ein Gefühl der Erholung. Aber immer wenn man ein wenig Mut gefasst hat, gibt es neue beunruhigende Signale. Von einer staatlichen Ordnung ist nichts mehr zu spüren. Auf öffentlichen und auch privaten Gebäuden wehen schwarzrotgoldene Fahnen. Unfassbar, wie viele sich von der schnellen Einverleibung in die Bundesrepublik etwas versprechen. Nach wie vor verlassen täglich 2000 Menschen die Republik. Schlägt man die Zeitung auf, so wimmelt es nur so von Annoncen aus der BRD. Wie die Leichenfledderer durchziehen Bundesbürger die Küstenlandschaft und halten Ausschau nach Geschäften, nach gewinnbringenden Kapitalanlagen. Und alle Oppositionsgruppen, auch die anderen Blockparteien, tun so, als wäre die freie Marktwirtschaft die seligmachende Lösung.

Begreift denn keiner, dass aus der „Revolution" des Oktober 1989, begonnen zur Verbesserung des Sozialismus, so etwas wie eine Konterrevolution wird? Was ist aus dem Staat der Arbeiter und Bauern geworden? Wer vertritt eigentlich deren Interessen? Wer vertritt die Interessen der Alten oder der Kinder? Hier an der Küste spürt man wie beide bis jetzt noch Empfänger der Sozialleistungen unseres Staates sind. Wie lange noch? Wer will uns weismachen, dass ein Volk 40 Jahre lang nichts geschaffen hat und uns somit das letzte Selbstbewusstsein nehmen? Manchmal glaubt man nur böse zu träumen, es müsste einen Knall geben und die Welt wieder in Ordnung sein. Mit großer Sorge sehe ich Probleme auf uns zu kommen, die wir schon längst überwunden glaubten. Die Welt wird aus den Fugen geraten, wenn Europa sich explosionsartig verändert. Bei einer schnellen Vereinigung der beiden deutschen Staaten wird auch das Sozialsystem der Bundesrepublik nicht standhalten. Und was sagt dazu die übrige Welt? Ich befürchte, die Stabilität des Erdballs wird in Kürze ganz anders und mit anderen Fronten in Gefahr sein. Das ehemals solidarische DDR-Volk schlägt sich auf die Seite des Fünftels der Welt, das auf Kosten der anderen 4/5. lebt. Haben wir denn gar keine Werte einzubringen? Folgt aus der Tatsache, dass unsere bisherige Alternative zum Kapitalismus scheiterte, dass *der* die Probleme der Welt lösen kann? Keines hat er bisher gelöst, nicht den Frieden gesichert, nicht den Hunger gebannt, nicht Arbeit und gesundheitliche Betreuung gewährleistet. Er hat, grob gesagt, lediglich einem Bruchteil der Menschheit einen größeren Wohlstand gebracht und dabei die Schere zwischen Arm und Reich, wenn man so will zwischen Nord und Süd, größer werden lassen. Das kann doch wohl die bessere, gerechtere Welt nicht sein.

04. Februar 1990

Gestern nutzten wir den Tag der offenen Tür im Jagdgeschwader „Heinrich Rau" zu einem Besuch. Wir konnten im Traditionskabinett Interessantes erfahren, Trainingssimulatoren und anderes besichtigen. Dann ging es mit dem Bus zum Flugplatz Peenemünde. Wir wurden auf die Plattform eines Bunkers geführt, die sonst nur hohen Gästen, wie dem schwedischen Verteidigungsminister oder der Partei- und Staatsführung vorbehalten war. Ein Major und ein Leutnant erklärten uns die gesamte Anlage in aller Offenheit. Dann fuhren wir in eine Reparaturwerkstatt, konnten zwei fast auseinander genommene MIG richtig anfassen, in die Kanzel steigen, auf den Tragflächen laufen und zum Schluss noch eine startbereite MIG in einem Bunker anschauen. Von den jungen Offizieren hatten wir einen ruhigen, gefassten Eindruck. In einem persönlichen Gespräch wurde ihre Perspektivlosigkeit so recht deutlich. Sie haben mit der ehrlichsten Überzeugung, einer guten Sache zu dienen, harte Strapazen auf sich genommen. Jetzt bricht ihr Weltbild zusammen. Wie werden sie sich neu orientieren?

Frühling an der slowakisch-österreichischen Grenze

Bratislava, den 10. April 1990
Heute wandern wir von Devinska Nova Ves zur Burgruine Devin. Der Flieder ist gerade im Erblühen, die Weinrebe schon heruntergebunden. Die Straße führt uns bis zum Sandberg, einem Natur- und Landschaftsschutzgebiet entlang der Morava, das bis zur Burg Devin reicht. Wir wählen nicht den Naturlehrpfad, der fast den Kamm entlang führt, sondern den Pfad in mittlerer Höhe, einen schmalen Wanderweg, der von den Touristen noch weitgehend verschont blieb.

Vor uns liegt ein breiter Wiesenteppich, der sich mit dem frischen Grün der Bäume und Sträucher wie auch dem Hellgelb der Sand- und Gebirgshänge zu einem farbenfrohen Bild zusammenfügt. Die meisten Blumen sind Adonisröschen, die hier in Massen stehen. Zum Teil sind sie schon verblüht, zum Teil öffnen sie erst ihren Blütenschirm. Sehr zart ist das Blattgrün ihres filigranen Blätterwerkes. Blaue gelbe Lilienarten mit kleinem Blätterschilf, gelbe Himmelsschlüsselchen finden wir nicht einzeln, sondern immer gleich zu einem bunten Teppich ins zarte Grün der Gräser und Flechten gewirkt. Die Küchenschelle hat zum Teil schon ihre Blütenpracht abgeworfen und bietet jetzt ihren Samen im schwankenden Körbchen dem Wind zum Transport dar. Der Weg führt uns manchmal über recht abschüssige und glitschige Stellen. Es geht durch niederen Mischwald und über freie Plateaus. Die Tollkirsche entfaltet ihre Dolden, die Lärchen sind mit zartem Grün überzogen und die Birkenblätter schon voll ausgebildet. Unser Blick schweift auf die andere Uferseite der Morava weit in das österreichische Land, und immer, wenn wir die Sicht nach vorn frei haben, sehen wir die Burgruine Devin vor uns. In gleißendem Sonnenlicht und geschützt vom nördlichen Wind ist die Vegetation schon sehr weit entwickelt. Auch uns wird es warm, und wir gönnen uns eine kleine Verschnaufpause auf einer Bank nahe dem letzten ausgewiesenen Punkt des Naturlehrpfades, zu dem wir wieder gestoßen sind. Dann steigen wir hinab, vorbei an Gärten und Wochenendgrundstücken zum Ort Devin. Fort sind Grenzbefestigungen, Zäune und Verbotsschilder. Wir kehren in die Hostinca am Fuß der Burg ein, lassen uns Borovicka, Pivo und Knedli schmecken. Nach dem Essen umwandern wir die Burg. Erstmals ist der Weg zwischen Burg und Donau für uns frei zugänglich. Wir können bis an die Mündung der Morowa gehen. Fast unnatürlich für uns, kein Zaun, keine Grenze ist mehr zu sehen. Zusammengekehrte Stacheldrahtreste, die noch nicht weggeräumt sind und ein verlassener Wachturm jenseits der Morava zeugen von der Grenze. Geht man hier nicht zu weit? Immerhin ist die Flussmitte Staatsgrenze. Provisorisch wurde vor kurzem eine Anlegestelle für die Donauschiffe geschaffen, so dass man jetzt auch per Schiff von Bratislava zum Devin fahren kann. Alte Treppen- und Mauerreste deuten darauf hin, dass hier schon einmal eine Anlegestelle war. Unser Weg führt uns die Slowakische Uferstraße entlang in das Dorf Devin, dessen Bewohner sich anschicken, mit viel Renovierungsarbeiten, dem liebevollen Erhalten der

alten Bausubstanz, aber auch dem Pflegen der Gärten und Anlagen, den zu erwartenden Besucherstrom zu empfangen. Wohin man blickt, bricht sich der Frühling Bahn, in der Natur und auch bei den Menschen.
Hoffnungsvoller Frühling 1990! Wirst Du die Völker einander näher bringen?

Aus Briefen an Sharika P. in Bratislava [1]

16. September 1990

... In dieser bewegten Zeit ist es immer sehr angenehm, von jemandem ein Lebenszeichen zu erhalten, von dem man weiß, dass man in vielen Ansichten übereinstimmt. Sicher müssen wir alle noch besser lernen, miteinander umzugehen, auch wenn wir unterschiedliche Meinungen, Hautfarben, Weltanschauungen und was sonst noch haben. Mich beunruhigt die Frage: „Werden die Menschen in Europa und insbesondere in Deutschland die einmalige Chance, die sich seit Jahren anbahnte und im vergangenen Jahr schlagartig durchbrach, für mehr Freiheit, Demokratie und Menschlichkeit nutzen?" Es fällt so furchtbar schwer, an das Gute im Menschen und an die Zukunft zu glauben. Kindheitsillusionen, auch Jugendträume, werden sicher immer durch das Leben relativiert, aber ausgereifte Lebensauffassungen, die sich im Erwachsenenalter herausbildeten, kann man nicht abstreifen wie einen alten Mantel. Deshalb werden wir wohl zwiespältig bis an unser Lebensende bleiben ...

---

[1] *Frau PH Dr. Sharika P., Wissenschaftlerin an der Komensky-Universität, Präsidentin des Verbandes der Deutschlehrer und Germanisten der Slowakei, verstarb 1999 an einem Krebsleiden*

02. Oktober 1990

... Lass Dir schnell noch ein paar Zeilen aus der DDR schreiben. Unsere Republik existiert nur noch ein paar Stunden. Letztmalig wirst Du auch einen Brief mit DDR-Briefmarken bekommen. Alle Leute sind wie besoffen, halt, nicht alle. Viele fragen sich, wohin soll das gehen? Wir werden sehen ...

Tagebuchaufzeichnung

Dezember 1991

Nun geht das erste Vierteljahr der Arbeitslosigkeit zu Ende und ins Tagebuch wurde wenig geschrieben. Soviel Zeit, wie ich glaubte, habe ich gar nicht. Hausmannspflichten, werden sie ernst genommen, können schon auslasten. Garten und Enkel beschäftigen den Opa auch, besonders die Magdeburger, die doch oft krank sind und dann einen Babysitter brauchen. Schließlich müssen wir die vielleicht letzten Freifahrtmöglichkeiten der Deutschen Reichsbahn nutzen. Deshalb waren wir an den Wochenenden schon dreimal im Harz: Walkenried, Bad Sachsa; Drei-Annen-Hohne, Wernigerode und gestern Stolberg. Das war unser vorgezogenes Weihnachtsfest. In Halle gab es kein Schneeflöckchen und nach dem Wetterbericht nur Aussicht auf Regen, in Stolberg dagegen einen Schneeflockenwirbel wie im Märchen. Stolberg ist wirklich ein sehr hübsches Harzstädtchen mit tüchtigen Einwohnern. Sie haben sogar schon einen Zipfel vom „Aufschwung Ost" erfasst und vor allem viel Bürgerinitiative gezeigt. Der Weihnachtsmarkt ist zwar vormittags noch geschlossen, aber das haben wir alles – wie auf Bestellung – abends im Regionalprogramm des Fernsehens anschauen können.

Es gibt aber auch noch einen anderen Grund, weshalb so selten ins Tagebuch geschrieben wurde. Das ist einfach die bedrückende Angst: wie weiter? Was morgen? Das ganze berufliche Lebenswerk zerbricht. Ich will gar nicht davon reden, dass wir einst auszogen, die Welt zu verbessern, eine wirkliche Alternative gefunden zu haben glaubten, die nun wie ein Kartenhaus zusammenbricht. Sie war offensichtlich auch fehlerhaft programmiert. Trotzdem scheint mir, die jetzige Welt kann unsere auch nicht sein. Es ist mein engeres Berufsleben, der Dienst an dieser Universität, der umsonst gewesen sein soll. Schließlich habe ich teilgenommen an der Ausbildung Tausender ABF-Studenten, die den Namen „Halle" in vielen Universitäten und Hochschulen des Ostens Ehre machten, ihn hinaustrugen nach Asien und Südosteuropa wie einst Franckes Zöglinge. Auch echte Wissenschaftsbeziehungen haben wir geholfen aufzubauen. Unsere ausländischen Absolventen lehren als Professoren in Hanoi, Ulan-Bator, Bagdad, Kairo, im Kongo und in Lateinamerika. Das zählt jetzt alles nicht. Über die Beziehungen der Universität zur Mongolei urteilt meine Nachfolgerin, eine bayrische junge Dame, abwertend, und Geld kann dafür nicht locker gemacht werden. Dabei hätte es dem geeinten Deutschland schon angestanden, ein solches Rohstoffland wie die Mongolei nicht zu unterschätzen. Man kann darüber traurig werden. Ich hoffe nur, dass die wirklich echt gewachsenen Beziehungen zwischen den Wissenschaftlern nicht kaputt gehen.

Und die eigene materielle Lage? Auf eine nochmalige Beschäftigung habe ich keine Aussicht. Die Rente wird nach allem bis jetzt bekanntem gering sein. Für „Staatsnahe zur DDR" droht eine Kürzung. Die Miete macht jetzt schon ein Viertel des Altersübergangsgeldes aus. 1992 soll sie weiter erhöht werden. Hinzu kommen die Preissteigerungen für Energie, Nahverkehr, Versicherungen aller Art. Die Hallesche Straßenbahn bildet die Spitze. Im Vergleich zu früher nimmt sie den 10fachen Preis für eine Fahrt, nämlich 1,30 DM, statt früher 13,5 DDR-Pfennig. Da soll man keine Angst bekommen? Mich beruhigt keiner mit Begriffen wie „dynamische Rente" und so. Schlichter heißt das Inflation, und dabei hinken die Löhne immer hinter den Preisen her und die Renten hinter den Löhnen. Mein neues Gebiss kostet 1000 DM. Noch zahlt die Kasse 80%, im nächsten Jahr schon nur noch 50%. Die Medizin, für die wir jetzt je Artikel 1,50 DM dazuzahlen, kostet uns im nächsten Jahr je Artikel 10 % des Preises bzw. 15 DM. Außer den Abgeordneten mit ihren Diäten gleich einem Vielfachen der Löhne, einigen Wessiangestellten mit dem doppelten Gehalt ihrer Ossikollegen, sehe ich keinen, der reicher geworden ist. Die vielen kleinen Gewerbetreibenden und Jungunternehmer sind es nicht. Sie sind verschuldet bis dort hinaus und arbeiten nicht wie früher 45 Stunden, sondern 100 und mehr in der Woche; und das immer noch mit dem Risiko des Konkurses. Die kriminellen gemischten Seilschaften, die mit westlichen Methoden und östlichem Ressourcenwissen echt absahnen, kann man doch wohl schlecht als Indiz für gestiegenen Wohlstand werten. Wohin driften wir?

Aus Briefen an Sharika P. in Bratislava

18. August 1992

... Mein herzlichster Wunsch, alle 8 Enkel um mich zu versammeln, wurde erstmals verwirklicht und wie nicht anders zu erwarten: sie haben sich alle wohl gefühlt und auch besser verstanden als die Großen. Sogar das Wetter machte mit, aber ganz lässt sich auch in einem solch schönen Garten, wie wir ihn haben, das gegenwärtige Weltgeschehen nicht fernhalten. Vielleicht sind wir Alten zu sehr geprägt, dass wir nochmals eine Umorientierung und Neuordnung verkraften. Bei den Jungen ist das doch anders. Sie müssen in dieser Welt, wie sie auch sein mag, zurechtkommen. Wir wollen einfach auch nicht. Wir wissen zu viel und denken (vielleicht leider) auch zu viel. Kurz, politisch kontroverse Diskussionen „verschönten" die Gartenparty. Die Bäume wachsen sicher für keinen in den Himmel, für unsere Jahrgänge nun schon gar nicht. Wie gut, dass wir eigentlich doch ein ganzes Leben lang zur Bescheidenheit erzogen wurden, auch als es uns finanziell besser ging – und aus welchen Gründen auch immer – andere Grenzen bestanden. Da fällt es leichter, bei allen jetzt scheinbar unbegrenzten Freiheiten, nüchtern aus der gegebenen Situation etwas zu machen ...

15. September 1992
... Wie es bei uns so läuft, mit rechtsextremistischen Ausschreitungen und Ausländerhass, wisst Ihr sicher aus den Medien. Die Menschen suchen nach Sündenböcken und da Stasi und SED nicht für alles verantwortlich gemacht werden können, sind es eben die Ausländer, wie vor „tausend Jahren" die Juden. Schlimm, wohin das führen soll?
Euch zum selbständigen Nationalstaat zu gratulieren, fällt mir auch schwer. Ob die Losung „jedem seine Autonomie" wirklich hilft, Probleme zu lösen, vermag ich nicht zu sehen. Irgendwie müssten wir es doch wohl anders packen und versuchen, auf dem ganzen Erdball mit einander auszukommen. Diese Erkenntnis war schon einmal weiter verbreitet unter den Menschenkindern, selbst in „totalitären" Staaten ...

Herbst auf Hiddensee

Hiddensee, den 27. September 1992
Heute ist Abschiedstag nach einer Woche Urlaub auf einer der lieblichsten Inseln. In der Nacht wurden die Uhren eine Stunde zurückgestellt. Die Sommerzeit ist zu Ende. Für uns eine Stunde mehr Urlaub. Wir teilen sie paritätisch in eine halbe Stunde mehr Nachtruhe und eine halbe Stunde mehr Inseltag. Obwohl der Himmel verhangen ist, führt uns der erste Weg wie an jedem der zurückliegenden Tage, in die nur 50 Meter entfernte Ostsee, zwar nicht zum Schwimmen, aber zu „mehr als Wassertreten". Nach dem Frühstück bummeln wir, schon in Abschiedsstimmung, auf der Promenade gen Kloster. Am Strand sind heute nur wenige Menschen. Ein Tollkühner prüft – wie wir vor zwei Stunden – Kälte und Nässe der See. Ansonsten sind die Leute warm angezogen, bis oben hin zugeknöpft. Der Sommer scheint mit der Sommerzeit erst einmal vorbei zu sein. Von Kloster her hören wir das Vorläuten der Glocke, den um 10:00 Uhr beginnenden Gottesdienst ankündigend. Wir verlassen die Promenade und stoßen auf die Straße von Vitte nach Kloster. Auf der saftigen Wiese zu unserer Rechten weiden Rinder und Pferde. Linker Hand trennt Buschwerk mit niedrigen Kiefern die Straße vom Strand mit seinen steinernen Schutzwällen. Heckenrosen strahlen mit ihren leuchtend roten Früchten. Im Ort Kloster treffen wir zunächst nur vereinzelt Leute. Wir streifen nochmals durch die für den Ort so typischen Straßen. Eigentlich sind es Wege ohne jegliche Befestigung. Sie führen vorbei an hübschen Häuschen mit bunten Gärten und Wiesen. Jedes Grundstück ist von Hecken eingerahmt, die inzwischen so hoch sind, dass man nur noch auf Zehenspitzen stehend einen Blick in die Gärten und auf die leuchtend weißen Fassaden der mit Ried gedeckten Häuser werfen kann. Am Hafen ist schon mehr Betrieb. Kurz hintereinander haben zwei große Schiffe angelegt. Eins fährt in wenigen Minuten wieder ab. Ein

großes Getümmel im Hafen, fast kein Durchkommen. Wir kehren wieder um. Unser Weg führt vorbei an Mauerresten des ehemaligen Klosters, das dem Ort den Namen gab. Beim Glockengeläut der kleinen Inselkirche, nunmehr schon zum Beginn des Gottesdienstes, betreten wir das Hauptmannsche Grundstück und besuchen das Museum.

Des Dichters großes literarisches Werk, seine Aufgeschlossenheit gegenüber anderen Kulturen, seine Sorge um die sozialen Nöte der einfachen Menschen und seine Zuversicht auf ein besseres neues Deutschland, die er sich trotz schwerer Enttäuschungen und Niederlagen und dem Verlust seiner schlesischen Heimat nicht nehmen ließ, bewegen uns tief.

Es scheint so, als fordere uns der Dichter auf, in der gegenwärtigen schwierigen Situation nicht zu resignieren oder kleingläubig zu werden. Nachdenklich verlassen wir das Museum und wandern zurück nach Vitte.

Weihnachten 1992

Dezember 1992

Das arbeitsreiche, von Hektik geprägte Kalenderjahr geht zu Ende. Noch einmal boomen Geschäftigkeit, Umsatz, Veranstaltungen aller Art. Auch jeder für sich allein hat einen langen Zettel von Dingen abzuarbeiten, die unbedingt noch bis Weihnachten zu erledigen sind, Geschenke, die ausgewählt und gekauft werden müssen, Briefe, die geschrieben sein wollen. Essen und Getränke werden bereitgestellt, als gelte es, eine Hochzeit auszurichten. Die Wohnung soll ihren weihnachtlichen Glanz bekommen, vom Großreinemachen bis zum geschmückten Tannenbaum.

Und dann, am Heiligabend selbst, ist für einige Stunden Ruhe und Besinnlichkeit im ganzen Land. Strahlende Kinderaugen widerspiegeln nicht nur den Kerzenschein, sondern Freude über kleine und große Geschenke. So kennen wir es von klein auf und selbst im 2. Weltkrieg, den wir als Kinder erlebten, war es nicht anders. Die Geschenke waren bescheidener. Das Festessen verdiente vielleicht seinen Namen im Vergleich zu heute nicht, hob sich gegenüber den Tagen davor und danach aber doch erheblich ab. Am Weihnachtsbaum brannten ein paar Kerzen, oft aus Resten vom Talg der Hindenburglichter selbst gefertigt. Wenn der Baum auch eine ziemliche Krücke war, an der Wand festgebunden werden musste, mit Lametta und Watte oder Papier wurden alle Unzulänglichkeiten zugedeckt, auch der Stamm der Tanne, der manchmal gar nur ein Besenstiel war. Die Sehnsucht nach Frieden war überaus groß. Die Christengemeinde schreibt die tiefe Wirkung der Weihnachtszeit dem Heiland zu, der als ganz einfaches Menschenknäblein von einer Magd geboren und auf Heu und Stroh in eine Krippe gebettet wurde, „denn sie hatten sonst keinen Raum in der Herberge". Der Engel und die himmlischen Heerscharen verkündeten die frohe Botschaft: „Ehre sei Gott in der Höhe und Friede auf Erden und den Menschen ein Wohlgefallen"[2].

So recht wollte Frieden unter den Menschen in den folgenden zweitausend Jahren nicht einkehren. An der Jahreswende 1992/93 kann man schon gar nicht davon sprechen. Nach dem Ende der gefährlichen Ost-West-Konfrontation gibt es jetzt eine Vielzahl von „kleinen" Kriegsherden, wo geschossen, verbrannt, vergewaltigt, verhungert und gestorben wird, schrecklicher und in einem Maße, wie wir es uns in unserer Weihnachtsstube nicht vorstellen.

---

[2] *Das Bibelzitat ist nicht korrekt. Statt „... und den Menschen ein Wohlgefallen" nach Luther, lautet die genaue Übersetzung „... bei den Menschen seines Wohlgefallens". Die katholische Einheitsübersetzung spricht sogar von den Menschen „seiner Gnade". Wie dem auch sei, im Kern bleibt „Friede auf Erden" und der kann ja wohl auch nur sein, wenn alle Menschen gemeint sind. Welche Teilmenge der Menschheit könnte in Frieden leben, wenn es andere Teilmengen nicht akzeptieren würden? (2006)*

Wir können uns weder zu Hause noch in den überfüllten Kirchen von der Welt ausschließen. Keine chinesische Mauer, auch keine noch so klug gefasste Asylgesetzgebung schützt uns vor der Welt des Hungers und Elends. Mit gut gemeinten Solidaritätsgaben oder besser Almosen wird die gegenwärtige Völkerwanderung nicht aufgehalten. Wenn 25% der Weltbevölkerung ca. 80% der Energieressourcen dieser Erde verbrauchen, bei Holz sind es gar 85%, bei den Nahrungs- und Genussmitteln sind es 60%, dann ist doch das die eigentliche Ursache der gegenwärtigen Kriege, des Hungers und der Flüchtlingsströme. Hier muss auch der Ansatz zur Lösung des Problems gesucht werden. Vom Reichtum her könnte der Norden schon helfen. Ob das Geld aber, das ja nicht nur als Zirkulationsmittel dient, Warenwünsche zu befriedigen, sondern mehr und mehr zur alleinigen Triebkraft der Entwicklung verkommt, das auch kann, vermag ich nicht zu glauben.

Vielleicht sollte die Weihnachtszeit Anlass sein, darüber nachzudenken, wie die Reichtümer dieser Erde allen Menschen, ihren Kindern und Kindeskindern zugänglich und erhalten werden können. Dann brauchen wir keine Kriege mehr und auch nirgendwo eine chinesische Mauer, nicht in Deutschland und nicht vor Mexiko, aber auch nicht an Oder und Neiße oder am Bug.

Gewinner der deutschen Einheit

12. Mai 1993

Da uns vor der Vereinigung der beiden deutschen Staaten versichert wurde: „Keinem wird es schlechter gehen", ist im dritten Jahr danach doch die Frage berechtigt: „Wer ist eigentlich der Gewinner der Einheit?"

Sind es die Arbeiter? Sicher nicht. Zweistellige Prozentzahlen der Arbeitslosen deuten anderes an.

Sind es Rentner und Senioren? Das hört man oft in Sonntagsreden mit dem Hinweis auf hohe Renten und dem dichten Netz möglicher Anträge auf finanzielle Zuschüsse und dergleichen. Die Wahrheit ist, dass Miet- und Preiserhöhungen dem Rentenanstieg durchaus Paroli bieten, alte Menschen den Papierkrieg im Antragswesen nicht durchschauen und – was das schlimmste ist – sich nach Einbruch der Dunkelheit nicht mehr auf die Straße trauen.

Die Senioren sind es auch nicht.

Sind es die Frauen? Unter den Arbeitslosen nehmen sie eine Spitzenposition ein. Die Mehrheit wird stärker als früher in die Küche und in die Welt der bunten Blätter gedrängt. Den in der DDR schon gestrichenen § 218[3] des Strafgesetzbuches bekommen die Frauen und Mädchen der neuen Bundesländer erneut mit aller Schärfe zu spüren.

Frauen sind mit Sicherheit nicht die Gewinner der Einheit.

Sind es die Wessis? Vielleicht einige, die bei ihrem Osteinsatz zu nie mehr erhofftem Ansehen und doppelten Bezügen kamen. Sicher auch einige Absahner, die mit dem Anschluss eines so großen Gebietes das Geschäft ihres Lebens machten Otto Normalverbraucher in den alten Bundesländern hat doch von der Einheit nur Nachteile:

Er muss sie finanzieren über Solidaritätsbeiträge, Steuererhöhungen und andere Gemeinheiten. Er kann keine Geschenkpakete für Verwandte mehr von der Steuer absetzen.

Und das ärgste: Sein gesicherter und gegenüber den Völkern des Ostens bedeutend höherer Lebensstandard ist in Gefahr. Ganze Völkerstämme überfluten seine Lande, wollen teilhaben am Wohlstandsleben. Es sind nicht mehr nur Tausende Überläufer aus der DDR, die man mit Begrüßungsgeld und Bruderkuss abspeisen konnte. Jetzt hat eine Völkerwanderung begonnen, die nicht mit noch so ausgeklügelten Gesetzen

---

[3] *§ 218 im BGB beinhaltet das Strafrecht für Abtreibungen.*

und neuen Schutzwällen gestoppt werden kann. Otto Normalverbraucher hat seine ungestörte Ruhe verloren und muss sich heute gar noch von seinen armen Brüdern und Schwestern der ehemaligen „Zone" sagen lassen, dass sie für ihn die Reparationen mit bezahlten und in den letzten 40 Jahren auch gearbeitet haben, jetzt aber auch so leben wollen wie er.
Nein, die normalen Wessis sind nicht die Gewinner der Einheit.
Und Aufsteiger des Ostens?
Viele gibt es nicht, und auch von ihnen stürzt so mancher schnell.
Nein, all die bisher genannten sind nicht Gewinner der Einheit. Das schlimmste ist: Die Menschen sind es überhaupt nicht.
Die Autos sind es.
Viel schneller als Konzernherren und Grundbesitzer haben sie die neuen Bundesländer überrollt. Ihre Geburtenrate schnellte so empor, dass es in kurzer Zeit zu einem Überangebot kam. Zahlenmäßig zogen sie mit der Spezies Mensch gleich. Ihretwegen werden Tausende Tonnen Beton und Asphalt vergossen, damit sie noch schneller rollen. Tankstellen gibt es inzwischen mehr als Supermärkte für die Menschen. Verbote des Unrechtsstaates, wie Parken an der Hauptstraße, auf Bürgersteigen, in Grünanlagen usw., werden rigoros aufgehoben. Die von der Vernunft diktierten Versuche früherer Zeiten in Ost und West, den Güterverkehr von der Straße auf die Schiene zu bringen, wird erfolgreich wieder umgekehrt. Brummis, die schwerste und größte Unterspezies der Autos, bestimmen inzwischen das Straßenbild, donnern wie Elefantenherden im Urwald durch menschliche Ansiedlungen und hinterlassen Häuserrisse, umgenietete Bäume und überdimensionale Abgaswolken. Mitleidig belächeln die Autobusse vorbeifahrende Eisenbahnzüge wegen ihrer geringen Platzbelegung. Es ist sicher nur eine Frage der Zeit, und die Bahnschranken werden um 90° gewendet umgerüstet, damit die Automobile freie Fahrt haben. Der Schienenverkehr kann warten. Er bringt ja ohnehin nur rote Zahlen.

Das alles geht mir heute früh durch den Sinn bevor ich zum Einkauf in die Stadt fahre. Ich stecke Geld ein, schreibe den Spickzettel, nehme den Autoschlüssel vom Brett. Halt! Autoschlüssel? Kann ich denn nicht wenigstens gegen den Strom schwimmen und die Straßenbahn benutzen? Aber das ist es ja gerade. Das kommt mir teurer, dauert länger und beweist obendrein meine Rückständigkeit in der Mobilität. Ich fürchte gar, nicht die Computer werden als erste ihre Schöpfer beherrschen. Die Autos tun es schon.

Aus einem Brief an Sharika P.

18. Juni 1993

... Das Schreiben hilft mir tatsächlich über Vieles hinweg, aber ob es je veröffentlicht werden kann, weiß ich nicht. Unsere Empfindlichkeiten sind überhaupt nicht gefragt. Aber ein Erfolgserlebnis, wenn auch ein bescheidenes, ist es doch, wenn ich schon zweimal an einer öffentlichen Lesung teilnahm und sogar etwas zum Bundeswettbewerb einreichte. Natürlich bekam ich keinen Preis, aber eine Teilnahmeurkunde der Ministerin ...

Nachtrag zum „Frühling an der slowakisch-österreichischen Grenze"

Dezember 1994

Inzwischen hat sich der Frühling bereits viermal Bahn gebrochen, und heuer scheint er nicht einmal Silvester abwarten zu wollen. Waren wir 1990 nicht doch allzu hoffnungsvoll oder gar blauäugig? Sind denn die Völker einander näher gekom-

men? An der damals wie weggefegten slowakisch-österreichischen Grenze sind jedenfalls wieder ordentliche Markierungen. Die Slowakei hat sogar noch eine Grenze mehr – nach Tschechien. Außerdem brechen ganz andere Grenzen auf, Grenzen, die vor allem im Wohlstand und Besitz ihre Ursachen haben. Aber auch dort, wo der Wohlstand kaum Fuß gefasst hat, wie in Tschetschenien, in Bosnien oder in Ruanda, schlachten sich die Völker gegenseitig ab.
Ist denn die Friedensbotschaft des Engels über Bethlehem tatsächlich nur ein unerfüllbarer frommer Wunsch, eine nicht zu realisierende Utopie? Mir scheint: wie die Menschen die besinnliche Weihnachtsbotschaft immer eine Woche später im Rauch der Silvesterfeuerwerke ersticken, so gelang es bisher den Mächtigen der Welt, die Künder friedlicher Ideen ans Kreuz zu schlagen, sich dabei auf das Volk zu berufen, oder es gar als Schlächter zu missbrauchen.
Nein, mit Böllerschüssen und Feuerwerk verjagt man nicht die bösen Geister des alten Jahres, man erstickt allenfalls heranreifende Gedanken, die zu notwendigen Veränderungen drängen. Da lob ich mir doch Glockengeläut und die Sinfonie eines Ludwig van Beethoven.

In Versailles

Sommer 1995

... Während der Führung durch das Schloss Versailles kommen mir folgende Gedanken:
Erstens muss man den damaligen Schlossherren, vor allem auch Ludwig XIV., der ja wesentlicher Inspirator war, Geschmack und Kunstverstand bescheinigen. Unsere Hochachtung gilt den künstlerischen Schöpfern, den Architekten Levau und Hardouin-Mansart, dem Maler Lebrun, dem Gärt-

ner Le Notre und natürlich den seinerzeit ständig hier arbeitenden 35000 Menschen, die mit 6000 Pferden die gigantischen Anlagen in mühseliger Knochenarbeit fertig stellten. Nachdem wir die Kopien von Versailles z.b. in Potsdam-Sanssouci, in Wien-Schönbrunn und vor allem in Petrodworez sehen konnten, ist es für uns schon ein erhebendes Gefühl, nun vor und auf dem Original zu stehen. Auch dem Laien fällt die Nachahmung und Weiterentwicklung durch die anderen europäischen Fürsten auf. Peter I. gelang vielleicht die genialste Vervollkommnung der Versailler Ideen. Er suchte sich dafür auch einen sehr geeigneten Platz am Finnischen Meerbusen aus, was dem Zusammenspiel von Architektur, Wasser und Skulpturen erst die künstlerische Vollendung gab. Unsere Enttäuschung wollen wir aber nicht verschweigen, sind doch die Fontänen nicht im Betrieb und hindern uns, den Vergleich voll auszukosten. Wie schön, dass solche Schlösser und Parkanlagen allgemein zugänglich sind und vom Volk auch angenommen werden. Spielt es dabei eigentlich eine Rolle, ob das infolge eines Dekrets nach einer Revolution geschieht oder weil es sich gut vermarkten lässt? Hauptsache ist doch, dass das mit viel Ideenreichtum und Fleiß Geschaffene, einst nur abgeschirmt für einzelne Hochwohlgeborene und ihre Hofschranzen Vorgesehene, trotz aller Grundstücks- und Eigentumsrechte als Gemeingut der Menschheit betrachtet wird.

Zweitens knüpfen meine Gedanken an das schon tags zuvor auf der Stadtrundfahrt Empfundene an. Die französische Geschichte wird hier so dargestellt und erläutert als sei die Große Französische Revolution ein Verkehrsunfall gewesen. Mag diese Formulierung sehr zugespitzt und übertrieben sein. Der unbefangene Besucher erfährt die Geschichte des Palastes, über das Leben bei Hofe mit den diversen Details nicht etwa aus der Distanz des Überwundenen. Vielmehr wird mit

Bedauern die jähe Unterbrechung der glanzvollen Zeit der Sonnenkönige durch die französische Revolution hervorgehoben. Schloss und Gartenanlagen stellen ein großes Museum der französischen Geschichte dar, genauer gesagt der absoluten Monarchie des alten Regimes, einer an die Person gebundenen Monarchie von Gottes Gnaden. Das ist ja auch in Ordnung, weil geschichtliche Tatsache. Ich würde mir aber noch den Zusatz wünschen: „Und das wurde mit der Französischen Revolution überwunden und dem Volk (auch den Touristen) zugänglich gemacht, auf dass es den Weg der Geschichte beurteilen kann". Ohne diese Aussage kommen dem Betrachter solche Fragen wie: „Und was kam nach den Sonnenkönigen? Was ist heute? Gibt es überhaupt eine Entwicklung zur Volksherrschaft hin? Oder ist doch die fatalistische These wahr, dass absolute Herrschaft von Gottes Gnaden ewig bestehen bleibt, lediglich die Sonnenkönige von anderen Despoten oder von Bankern und Konzernbossen ersetzt werden?"

Ein dritter Gedankengang betrifft die Beziehungen zwischen unseren beiden Völkern. Als Deutsche bewegt uns natürlich besonders das, was im Spiegelsaal von Versailles geschah. Zunächst, weil historisch näher, ist es die Unterzeichnung des Versailler Friedensvertrages, der die Souveränität Deutschlands stark beschnitt und das deutsche Volk nachgerade für Chauvinismus und Faschismus empfänglich und reif machte. Es ist sicher nicht übertrieben zu sagen, dass der Sieg des Faschismus in Deutschland, die Verblendung des größten Teils des deutschen Volkes und sein Mitwirken an den Scheußlichkeiten im 2. Weltkrieg ohne den Versailler Vertrag nicht denkbar wäre. Und doch kann man diese Schuldzuweisung nicht akzeptieren. Das Völkermorden im 1. Weltkrieg, von beiden Kriegsseiten gleichermaßen vom Zaun gebrochen mit der Zielstellung die eigene ökonomische und politische Macht zu vergrößern, war ein gnadenloses Vabanquespiel, auch vom deutschen Kaiserreich aus. Zwar erklärte man sich damals im Gegensatz zu Hitlers Zeiten noch gegenseitig den Krieg bevor man schoss und das fein der Reihe nach: Österreich an Serbien, Deutschland an Russland, zwei Tage später an Frankreich. Aber in Belgien marschierte die deutsche Armee schon ohne Kriegserklärung ein, was dann mit dem Kriegseintritt Englands und weiterer Staaten schließlich zum Weltkrieg führte. Aus der Geschichte kennen wir aber noch einen anderen, den so genannten Präliminarfriedensvertrag von Versailles aus dem Jahr 1871, der dem eigentlichen Friedensvertrag von Frankfurt vorausging. In diesem Vertrag nahm Deutschland Frankreich das Elsass und große Teile Lothringens sowie 5 Milliarden Francs Kriegsentschädigung ab, eine Summe, die Deutschland in den Gründerjahren als kräftige Investitionsspritze diente. Musste sich Wilhelm I einen Monat zuvor ausgerechnet im Spiegelsaal von Versailles zum deutschen Kaiser ausrufen lassen? Waren ihm deutsche Paläste zu schäbig? Versailles und insbesondere sein Spiegelsaal spielt in den deutsch-französischen Beziehungen nicht gerade eine Ruhmesrolle. Hoffen wir nur, dass die Narben der Geschichte auf beiden Seiten nicht wieder aufbrechen und Deutsche und Franzosen in der Tat Freunde bleiben.

Erneut an der slowakisch-österreichischen Grenze

Bratislava, den 01. November 1995

In der Slowakei, wie in katholischen Gegenden üblich, ist heute Feiertag, Allerheiligen. Für die Bevölkerung ist es so etwas wie bei uns der Totensonntag. Die Gräber werden vier Wochen früher für den Winter zugedeckt. Viele sind mit einer Platte geschlossen. Dort stellt man Blumen auf, legt Gestecke und Kränze nieder. Nicht fehlen darf eine Kerze oder ein Windlicht. Am Allerheiligen geht man auf den Friedhof, erstattet seinen verstorbenen Verwandten einen Besuch ab. Wir begleiten unsere Freundin Sharika. Ihr Mann Pavel ist erst vor einem Jahr nach langer schwerer Krankheit gestorben. Schon im Bus treffen wir viele Leute mit Blumen und Kränzen. Der Vorplatz des Friedhofs ist ein großer Blumenmarkt. Oft wird gleich vom Auto herunter verkauft. Der Friedhof selbst ist schwarz von Menschen. Obwohl alle nur kurze Zeit an den Gräbern verweilen, Grün und Blumen in Ordnung bringen und einige Minuten schweigend der Toten gedenken – also ein ständiges Kommen und Gehen herrscht – sind alle Wege überfüllt.

Unsere Gedanken gehen zurück in die achtziger Jahre, als wir den Ingenieur Pavel P. kennen lernten, mit ihm Bratislava entdeckten, von ihm viel über Land und Leute erfuhren und auch mal gemeinsam einen Liter tranken. Er erreichte das 73. Lebensjahr. Die letzte Zeit wurde für ihn zur Qual und für seine Frau sehr anstrengend. Leider konnten wir ihn nie dazu bewegen, noch einmal nach Halle zu kommen. Zu ortsgebunden fühlte er sich so lange wir ihn schon kannten. Sein Bewegungsradius pegelte sich auf das Wochenendhaus in Hchachoviste und die Wohnung der Kinder in Bratislava ein. Nun ruht er schon über ein Jahr. Vom Guten der neunziger Jahre konnte er kaum noch etwas nutzen, wohl aber bewegten ihn die vielen offenen Fragen, mit denen sich seine Hinterbliebenen jetzt herumschlagen müssen, die hohe Zahl der Arbeitslosen, die Teuerung und die Verrohung in der Gesellschaft. Wir behalten ihn in guter Erinnerung, verdanken wir ihm und seiner Frau doch das Empfinden, dass unsere Heimat nicht nur Halle oder neuerdings Sachsen-Anhalt ist. Unsere Heimat ist doch ein wenig größer und Bratislava zählen wir dazu.

Mit der Stimmung und dem Empfinden des allzu vergänglichen unseres Lebens, wie es nun einmal ein Friedhofsbesuch, noch dazu am Allerheiligen mit sich bringt, machen wir uns auf den Weg, um die Wanderung vom Sandberg aus in Richtung Deviner Burg zu wiederholen, jener Wanderung, die uns vor nunmehr über sechs Jahren so zukunftsfroh stimmte, weil Grenzen fielen, eine „friedliche Revolution" Herrschende zwang abzutreten, und die Herrschenden der Gegenseite für kurze Zeit irritierte.

Nun kann man eine Wanderung in noch so schöner Gegend an einem regnerischen ersten November nur schwer mit einer im Mai vergleichen, wenn die Sonne mit ihren Strahlen die Natur in einen bunten Blütenteppich verwandelt, und auch die Menschen in ihrem unbesiegbaren Glauben an das Schöne, Bessere bestärkt. Die Natur hält auch einem solchen Vergleich stand. Es sind kaum noch Blüten zu sehen. Ist aber die Herbstlaubfärbung nicht genau so prächtig bunt wie die Blumenwiese im Frühling? Auch der Pfaffenhut und das Rot der Hagebutten und der vielen Wildkräuter brauchen sich nicht verschämt zu verstecken. Kurz, die Natur wirkt zwar anders auf uns als damals im Frühjahr 1990, aber nicht weniger imposant. Sie ist Augenweide und Ohrenbalsam, besonders da heute nur wenige Menschen sich hierher verirren. Das Rauschen des Blätterwaldes im Herbstwind tut wohl. Die Natur ist robuster als die menschliche Gesellschaft. Was vierzig Jahre Sozialismusversuch und das Grenzregime an der Trennlinie zwei einander feindlich gegenüberstehenden Welten nicht kaputt bekommen konnten, schaffte auch die Marktwirtschaft nicht in sechs Jahren.

Der Weg vom Neubaugebiet Devinska Nova Ves bis zum Sandberg allerdings unterscheidet sich schon zu damals. Vorgärten und Häuschen sind nach wie vor sauber und gepflegt. Während wir damals durch eine stille Straße gingen, begleitet uns heute Hundegekläff von Haus zu Haus. Ist das Leben so riskant geworden, dass sich jeder mit einem Wachhund schützen muss?

Die Rekonstruktionsarbeiten an der Burg sind zu einem vorläufigen Abschluss gekommen. Man kann bis auf die höchste Plattform der Oberburg steigen. Von dort hat man einen weiten Blick ins Donau- und Moravatal, weit hinein ins österreichische Land. Wie ungerecht, dort scheint die Sonne, und bei uns entwickelt sich der Niesel boshaft zu einem handfesten Regen.

Die Grenze, die man 1990 nur noch an nicht weggeräumten aufgetürmten Stacheldrahttresten vermuten konnte, ist heute wieder deutlich sichtbar markiert. Alle fünfzig Meter steht ein Schild „Achtung Staatsgrenze. Weitergehen verboten!" Ungeachtet dessen ist aber das Nichtvorhandensein von Stacheldraht und Grenzstreifen, überhaupt die Möglichkeit, die Uferstraße zu betreten, eine bleibende Errungenschaft jener Veränderungen der Jahre 1989/1990.

Der damals erhoffte Aufschwung des Tourismus und der Aufbautätigkeit an der Uferzone hält sich allerdings in Grenzen. Eine neu eröffnete, sehr anheimelnd rustikal eingerichtete Fischgaststätte ist da noch Ausnahme. Dort suchen wir Zuflucht vom Regen, lassen uns Polianka und Borovicka schmecken. Das ist ein angenehmer Abschluss nach unserer kühlen Herbstwanderung. Die Hostinca unterhalb der Burg, in der wir früher immer einkehrten, wird zur Zeit einer notwendigen Renovierung unterzogen. Wie der heutige Herbsttag gesetzter, normaler im Vergleich zum damaligen Frühlingserwachen in der Natur wirkt, so scheint es auch mit dem gesellschaftlichen Alltag im Vergleich zur damaligen Aufbruchstimmung zu sein. Die Probleme der Menschen sind nicht kleiner geworden. Die Arbeitslosigkeit drückt, wenn auch nicht so enorm wie bei uns. Dafür wirkt die Teuerung viel stärker, was wiederum mit den niedrigen Löhnen zusammenhängt. Ein Bauboom springt nicht gerade ins Auge. Überhaupt sind Neubauten in der Slowakei im Vergleich zu uns weniger vorhanden und bescheidener. Selbst Banken und Versicherungen begnügen sich mit dem Umbau vorhandener Bausubstanz und stellen keine neuen Beton- und Glasklötze ins Stadtbild. Bekannter kommen uns dagegen die vielen leerstehenden Geschäfte mit Schildern vor, die eine Schließung ankündigen oder den Konkurs anmelden. Obwohl in der Stadt eine rege Bautätigkeit herrscht und viel renoviert wird, die schon zu sozialistischen Zeiten begonnenen Investitionen bleiben erst einmal liegen, wie z.b. am Nordhang der Bratislaver Burg. Dass Geld fehlt, ist offensichtlich. Vergleicht man die Preise, besonders der lebensnotwendigen Dinge, mit denen in Deutschland oder in Österreich, so erscheint alles billig. Hält man dagegen die Einkommen besonders auch die Renten, so bekommt man schon einen Schreck. Uns beschleicht ein unangenehmes Schuldgefühl, dass wir uns als DDR-Bürger auf die Seite der Besserverdienenden geschlagen haben. Meines Erachtens lassen sich die allzu offensichtlichen Unterschiede zwischen Ost und West wie noch mehr zwischen Nord und Süd nicht allein durch Effektivität auf der einen und Misswirtschaft auf der anderen Seite erklären. Spielt da nicht doch die Ausbeutung des Menschen durch den Menschen eine Rolle?

Aus einem Brief an Sharika P.

03. Februar 1996

... In Deinem vorletzten Brief äußertest Du auch Deine Meinung zu den Vertriebenen. Ich verstehe Dich sehr gut und schäme mich dafür, dass Prag und Bonn in ihren Verhandlungen gerade wegen der Sudetendeutschen nicht weiterkommen. Das Heimatgefühl wird z. Z. wieder arg missbraucht. Da hatten wir wohl doch einen besseren Ansatz gefunden, indem wir den Umgesiedelten Boden, Arbeit und Wohnung, kurz eine neue Heimat gaben. Blauäugig waren wir nur, wenn wir glaubten, dass die Vertreibung der Deutschen als Resultat der vorher von den Deutschen begangenen Scheußlichkeiten die letzte gewesen wäre. Heute wird ja weltweit weiter vertrieben, ethnisch gesäubert, liquidiert, werden Geisel genommen und was weiß ich noch. Wird es nicht wirklich Zeit, darüber nachzudenken, wie unsere Enkel auf diesem Erdball werden leben können? Oder hat die Menschheit dieses hehre Ziel schon aufgegeben? Ich kann und will mich damit nicht abfinden ...

Mein 66. Geburtstag

Sommer 1997

Geburtstage sind Kilometersteine auf der Straße unseres Lebens, wenn auch von den einzelnen recht unterschiedlich aufgefasst und gewürdigt. Es gibt Leute, die sich selbst noch bei ihrem 39. Geburtstag wie auf Weihnachten freuen, die ihren Geburtstag das ganze Leben lang wie einen Kindergeburtstag begehen, stolz darauf, wieder ein Jahr älter geworden zu sein. Für andere ist er wie ein Trauertag, sind sie doch um ein Jahr gealtert. Wieder haben sie ein Jahr hinter sich gebracht, und das ganz große Glück ist ihnen immer noch nicht begegnet. Für mich sind Geburtstage eben Kilometersteine, bei deren Passieren man sagen kann: Wie gut, wieder ein Jahr gesund erlebt, mit Freud und Leid, aber doch so, dass Du Dich achtbar geschlagen hast, wenn auch nicht alles gelang, was Du Dir vorgenommen hast, und auch manches geschah, was Dir ganz offensichtlich keine Freude bereitet hat. Vielleicht muss man zu solch einem Verständnis auch erst eine gewisse Reife haben. Im Grunde genommen durchlaufen wir wohl alle unsere Geburtstage von Kindheit an so, dass wir uns erst freuen, ein Jahr größer geworden zu sein, dann auch zur Kenntnis nehmen, dass größer werden auch älter werden bedeutet und schließlich so, dass wir uns über jedes Jahr freuen, das wir noch so gesund erleben, dass wir keinem zur Last fallen.

Mein 66. Geburtstag ist nicht nur ein Kilometerstein, er ist schon mehr eine Postmeilensäule, herausragend und eine längere Strecke als einen Kilometer markierend. Das liegt wohl in erster Linie an der Schar der Gäste, haben sich doch alle Geschwister, alle Kinder und Enkelkinder versammelt. Am meisten Freude machten mir die acht Enkel. Dass sie auch ein kulturelles Programm für den Opa auf Lager hatten, war erwartet. Man konnte ja in den Morgenstunden von fern das Üben mit Blockflöte und Akkordeon hören, so weiträumig ist das Gelände dann doch nicht. Dass sie aber später sogar ein gemeinsames Programm aufboten, überraschte uns. Nach kurzen Proben bekamen wir das Ensemble komplett zu hören: zwei Flöten aus Strausberg und Schönheide, ein Akkordeon aus Magdeburg und zur Begleitung das Keyboard auch aus Schönheide. Das alles nach nur kurzer Probe und ohne vorher je zusammen gespielt zu haben. Ich glaube, sie wussten von einander gar nicht wer, und ob die anderen ein Instrument und welches spielen können. Juliane aus Magdeburg bewies ihre Vielseitigkeit mit einer Karatevorführung, die sogar Zaungäste anlockte. Dazu hatte sie ihren Karateanzug mit weißem Gürtel angelegt. Bewegt dankte ich ihr und allen Enkeln. Für mich dachte ich „so schön wird's wohl nie wieder?"

Wohin driften wir?

Oktober 1997

Mit dieser Frage endete eine Aufzeichnung, die mir jetzt wieder in die Hände fiel. Heute, sechs Jahre später driften wir immer noch. Ich kann es einfach nicht anders bezeichnen. Ich meine es nicht nur auf mich persönlich bezogen. Das, was mit uns passiert, ganz gleich, ob ich „uns" für ehemalige DDR-Bürger setze oder für wieder vereinte Deutsche oder für nach

Einheit strebende Europäer oder gar für die gesamte Erdbevölkerung: „wir driften". Oder dümpeln wir gar vor uns hin? Von einem „steuern", „gegen den Wind kreuzen" oder gar „Volldampf voraus" kann wirklich nicht die Rede sein. Persönlich bin ich in der neuen Bundesrepublik Deutschland noch nicht angekommen. Ja, wenn es wenigstens eine neue wäre. Sie ist eine erweiterte alte, sicher mit einigen demokratischen Vorzügen, aber auch ihren marktwirtschaftlichen Grenzen. So hatten sie sich wohl auch die Blauäugigsten der friedlichen „DDR-Revolutionäre" nicht vorgestellt. Was haben wir jetzt nicht alles dazu gewonnen, wobei ich *wir* einschränke auf in Lohn und Brot stehende oder eine Rente beziehende Menschen:

- Reisemöglichkeiten, die ihre Grenzen nur im Geldbeutel, gutem Gesundheitszustand und im Zeitfond haben.
- Autos im Überangebot.
- Faktisch hat jeder, der es will, ein Telefon.
- Es gibt ein Angebot an Lebens- und Genussmittel, das dazu führt, dass Ärzte und Krankenkassen Sorgen bekommen.
- Und vor allem haben wir die Freiheit, alles zu sagen, alles zu schreiben, alles zu veröffentlichen, wenn man nur jemanden findet, der zuhört, lesen will, eine Veröffentlichung auch finanziert.

Auf die Regierung darf man unbegrenzt schimpfen, nur ändern tut das nichts. Mit dem Schimpfen oder Kritisieren des unmittelbaren Chefs ist das schon anders. Zumindest geht man dabei das Risiko einer fristlosen Entlassung ein. Wie man auf Kohl schimpfen darf, ist ja nachgerade schon peinlich. Seine Politik ändert man damit nicht, ich fürchte nicht einmal mit seiner Abwahl.

Man kann auch aufrechnen, was alles mit der Freiheit zusammen über uns gekommen ist:

- höhere Kriminalität,
- Unsicherheit auf den Straßen und am Abend,
- Kahlschlag der Industrie,
- Massenarbeitslosigkeit,

um nur einiges zu nennen, also eine soziale Kälte in einer Ellenbogengesellschaft, wie wir sie glaubten, historisch schon überwunden zu haben.

Den „Preisvergleich" will ich nicht auf die Spitze treiben. Die in meiner Aufzeichnung vom Dezember 1991 genannten Preiserhöhungen wurden ja noch um wesentliches gesteigert. Das bewegt mich nicht in erster Linie, schließlich bekomme ich jetzt eine hinreichende Rente, verglichen mit Westverhältnissen sicher bescheiden, aber dazu wurden wir ja auch erzogen. Viel mehr belasten mich die gebrochenen „Seelen". Unsere Empfindsamkeiten wären sicher auch vorhanden, hätten wir uns nach dem Zusammenbruch des real existierenden Sozialismus in Frankreich, England, der Schweiz oder in Österreich befunden. Ich will mich nur auf die deutschen beschränken, sie machen mir viel zu schaffen.

Von einem einheitlichen deutschen Vaterland sind wir heute nicht nur deshalb weit entfernt, weil es so große Unterschiede im Lebensstandard gibt oder weil sich Industrie und Reichtum so unterschiedlich verteilen. Nein, es gibt keine Politik zum Zusammenwachsen, zum Einswerden. Lautstarke Erklärungen, besonders vor Wahlen, sind doch noch nicht automatisch die gleiche Politik. Mich stört schon die Wortwahl für bestimmte Aktionen:

Z.B. heißen die finanziellen Zuwendungen des Bundes an die neuen Bundesländer „Transfer". Im Duden findet man dafür: „Übertragung von Geldsummen aus einer Währung in eine andere", in Knauers Herkunftswörterbuch: „Zahlung ins Ausland" und in Meyers Neuem Lexikon: „Übertragung und Umwandlung von Werten, besonders von Zahlungsleistungen zwischen zwei Ländern aus der Währung des einen in die des anderen Landes". Kein Mensch kommt auf den Gedanken, die gleichen Zuwendungen des Bundes an Schleswig-Holstein mit „Transferleistungen" zu bezeichnen.

Oder nehmen wir den Begriff Solidarzuschlag, der ja von allen in Ost und West gleichermaßen vom Lohn abgezogen wird. Fast jeder Wessi, mit dem man darüber spricht, erfährt erst in diesem Gespräch, dass der Solidaritätszuschlag auch im Osten gezahlt wird. Sind denn nun wirklich die Mehrheit der Wessis auf einem „Lieschen Müller Niveau", oder ist das nicht doch Ergebnis einer Informationspolitik oder besser noch einer Desinformationspolitik?

Regelrecht kriminell wird es, wenn es darum geht, ganz offensichtliche, auch weltweit nicht zu leugnende Leistungen von DDR-Bürgern zu diffamieren. Im Sportgeschehen macht man das mit der Dopingkeule. Während man früher als „Nichtsportfan" im Vorfeld großer Sportereignisse in den Medien durch zunehmende Informationen über Leistungen im Sport aufmerksam wurde, kann man heute davon ausgehen, dass ein „neuaufgedeckter" Dopingskandal aus DDR-Zeiten das Herannahen eines international bedeutenden Sportereignisses signalisiert. Und das alles unter dem Vorwand des Aufarbeitens oder der „Verfolgung von DDR-Unrecht". Pharisäerhaft räumt man zwar ein: „... ist im Westen auch gedopt worden. Aber dort ist nicht so preußisch gründlich aufgeschrieben worden wie im Osten" (wörtlich Manfred von Richthofen). Mit dieser Politik gibt man mir nicht das Gefühl, gleichberechtigter Bürger der BRD zu werden. Offensichtlich geht es nicht nur mir so. Selbst Leute, die früher nicht müde wurden, auf die Privilegien der Spitzensportler zu schimpfen, solidarisieren sich jetzt mit den angegriffenen Athleten.

Denk ich an meine ehemalige alma mater, dann bin ich um den Schlaf gebracht. Versuche ich mich in die Lage der „Sieger" hineinzuversetzen, so vermag ich noch nachzuvollziehen, dass ehemalige Parteisekretäre, Rektoren, Prorektoren, auch Funktionaldirektoren an der „erneuerten Universität" keinen Platz mehr haben. Müssen aber Wissenschaftler mit kriminellen Methoden hinausgedrängt werden? (Wohl gemerkt keine Parteimitglieder, auf keiner „Stasiliste" erfasste, nur schlicht einem „eingeflogenen Wissenschaftler" im Wege stehend.) Das soll die neue demokratische Universität sein? Meine ist es nicht mehr. Ich kann einfach nicht damit fertig werden, wenn einer der jetzigen Führungskader der Universität sagen darf, die Umstrukturierung ist erst abgeschlossen, wenn auch der letzte DDR-Wissenschaftler von der Universität verschwunden ist. „Wohin driften wir? Deutschland, einig Vaterland?"

„Dass nie eine Mutter mehr ihren Sohn beweint"

18. November 1997
Ich denke zurück an das Jahr 1952. In Leningrad, an der Universität und den anderen Hochschulen studieren die ersten etwa 80 Studenten aus der DDR. Uns ist alles noch sehr fremd. Die Wunden des Krieges und der Blockade sind überall sichtbar. Zerschossene Häuser, Kriegsinvaliden mit ihren Krücken sind im Menschengewühl der Stadt nicht zu übersehen; in den Vororten durchschossene Bäume mit den schwarz umrandeten Löchern wie natürliche Todesanzeigen. Zu nah noch ist die Vergangenheit, da hier auf den Straßen während der fast 900 Tage dauernden Blockade die Menschen vor Hunger zusammenbrachen und erfroren. Die tägliche Brotration betrug damals 250 Gramm für Arbeiter und 125 Gramm für Angestellte.
In den Kinos der DDR lief 1952 ein neuer DEFA-Spielfilm: „Die Unbesiegbaren". Er hatte die Zeit Bebels und des Sozia-

listengesetzes zum Inhalt. Wir Studenten wollten den Film sehen. Eine Kopie war in unserer Botschaft. Die Sowjetunion hatte den Film aber noch nicht gekauft, und damit war es schwierig, ihn vorzuführen. Heute mag man darüber lächeln, aber für die damaligen Verhältnisse galt es viele materielle und bürokratische Hindernisse zu überwinden. Allein die Genehmigung zur Aufführung eines ausländischen Filmes war kompliziert, ein geeigneter Raum mit entsprechender Technik musste gefunden werden, und Geld hat das ganze sicher auch gekostet, was mir übrigens erst jetzt bewusst wird. Ich hatte den Auftrag, die notwendigen Verhandlungen zu führen. Das hätte ich nie geschafft, wäre ich nicht auf eine Mitarbeiterin in der Kulturabteilung der Stadtverwaltung gestoßen, die sich voll für uns einsetzte, ihre Vorgesetzten dazu brachte, die notwendigen Unterschriften und Stempel herauszurücken, Raum und Vorführer organisierte. Sie war eine einfache, schlichte Frau, vielleicht etwas älter als meine Mutter, aber von etwa gleicher Gestalt und mit so offenherzigen Augen, dass ich zu ihr gleich Zutrauen fasste. Für uns Studenten wurde die Sache zu einem wunderbaren Erlebnis. Auch unser Selbstbewusstsein stieg, fühlten wir uns doch nach dem Film nicht mehr nur als die Töchter und Söhne der deutschen Soldaten, die soviel Leid in dieses Land brachten, sondern auch als die Nachfahren der Bebelschen deutschen Sozialdemokratie.

Am nachfolgenden Tag ging ich nochmals in die Stadtverwaltung, um mich zu bedanken. Wir kamen ins Gespräch, auch über unsere Familien. Dabei erfuhr ich, dass meine Helferin drei Söhne hatte, zwei studierten, einer stand schon im Beruf. Der Krieg nahm ihr alle drei. Sie konnte ihre Tränen nicht mehr zurückhalten und nahm mich einfach in ihre Arme.

An meine Frau Inge

20. Dezember 1997
Vor neunzehn Jahren erlebte ich zum ersten Mal den Weihnachtsabend gemeinsam mit Euch in der kleinen Wohnung Georg-Schumann-Straße, hoch oben, fast könnte man sagen: über den Dächern Leipzigs, zumindest aber weit über dem Lärm der verkehrsreichen Hauptstraße mit dem Hupkonzert der Autos und dem Gekreisch der „Bimmel". Für mich war es wieder ein Weihnachten in Familie. Das Jahr zuvor verlief bedrückend in einer leeren Wohnung am Thälmannplatz in Halle. Nur für wenige Stunden teilte ein Freund aus Woronesh am selbstgefertigten runden Tisch mit mir Soljanka, Rouladen, Wodka und Einsamkeit. Am Heiligen Abend des Jahres 1978 wurde ich in Eure Minifamilie aufgenommen, zunächst als Gast. Den Mädels merkte man an, wie sehr der „Neue" Störgröße war. Ich erinnere mich gut an Steaks, Pommes frites und das Weihnachtsgebäck. Der geschmückte Baum stand im großen Nebenzimmer, dem Reich der Mädels. Am späten Abend gingen wir beide durch Leipzigs City, hörten in die Nikolaikirche hinein und schnupperten am Gewürzladen den Duft der orientalischen Welt. Zeit hatten wir genügend, denn nach Halle fuhr erst um Mitternacht der nächste Zug. Die Mädels blieben in Leipzig. Am zweiten Feiertag reisten wir nach Johanngeorgenstadt. Ich wurde der Familie vorgestellt, erlebte Nachweihnacht im tiefen Schnee des Erzgebirges. Da ahnten wir noch nicht, wie viel Eis und Schnee der Winter schon zur Jahreswende auch für Halle bereithielt. Für Silvester hattest Du mit großen Mühen Karten für die Neunte unter Stabführung von Kurt Masur besorgt. Es sollte das erste große gemeinsame Konzerterlebnis für uns werden. General Winter hat es vereitelt. Er brach vom Norden her kommend über das kleine DDR-Ländchen herein und überschüttete es mit Frost und Schnee wie wir es schon lange nicht

mehr gewohnt waren. Am Mittag erkundigten wir uns auf dem Hallenser Hauptbahnhof nach dem Zugverkehr. „Nach Leipzig fahren heute noch Züge, ob aber auch welche zurückkommen, können wir nicht sagen", war die lapidare Auskunft. Da fassten wir unseren ersten gemeinsamen Beschluss, ließen die teuer erkauften Karten verfallen und hörten die Neunte Sinfonie von Ludwig van Beethoven in meiner kleinen Wohnung am Thälmannplatz. Da die Übertragung über Fernsehen und Rundfunk erfolgte, hörten wir beide, Hand in Hand sitzend, den Sender DDR 2 und sahen dazu das Bild vom Fernsehfunk, denn der Ton meines alten Gerätes war schlecht. Die beginnende Knallerei und der klirrende Frost störten uns nicht. Wir verspürten nur unsere gleiche Wellenlänge beim Chor an die Freude und hatten doch noch unser erstes gemeinsames emotionales Erlebnis.

Seitdem hatten wir viele solche Erlebnisse, vor allem auch um die Weihnachtszeit. Im Laufe der Zeit bildete sich für uns regelrecht ein Algorithmus heraus. Am Nachmittag des Heiligen Abends machten wir einen Spaziergang ums Viertel oder in die Heide, fuhren auch mit dem Auto durch die Siedlungen, um die geschmückten Bäume in den Gärten und auf den Balkons sowie die Schwibbögen in den Fenstern zu bewundern. Später waren wir auch mal im eigenen Garten und in den letzten Jahren gingen wir ins Orgelkonzert in die Konzerthalle. Der Heilige Abend gehörte uns nach erfolgter Bescherung ganz allein. Einmal warteten wir am Fernseher auf die Übertragung vom Petersdom. Uns erreichte die Botschaft aus Rom nicht, zu weit entfernt liegt Bethlehem von Rom, besser gesagt die Krippe im Stall vom Vatikan. Weiß waren die Hallenser Weihnachten eigentlich selten. Wir hatten aber meist schon vorher einmal einen verschneiten Winterwald an einem der Adventssonntage erlebt, z. B. in Stolberg mit einem ganz zauberhaften Weihnachtsmarkt oder im Erzgebirge, in Johanngeorgenstadt, Schwarzenberg oder Schönheide.

Die Mädels wurden bald flügge. Jetzt haben sie alle selbst eine Familie. Ihre größten Kinder gehen schon ins Gymnasium oder haben ihr erstes Bewerbungsschreiben zur Aufnahme in die Lehre verfasst. Als Tradition entwickelte sich auch der Brauch, je eines der Adventswochenenden einer der Familien der Kinder zu widmen. Das geht bei uns gerade auf, vier Töchter mit Schwiegersöhnen und vier Enkelpärchen. So sind wir fast immer an den Adventssonntagen bei jemandem zu Gast oder selbst Gastgeber. Ganz klappt das natürlich nicht. Manchmal haben die Kinder auch andere Vorstellungen oder andere Vorhaben. Ich zähle es aber zur liebgewordenen Tradition, die wir beibehalten möchten, genauso wie wir am ersten Feiertag wenigstens zwei der vier Familien zu Gast haben mit Pelmeni- und Rouladenessen, mit Bescherung und „Weihnachtsmatinee" der Enkel. Alle acht sind im Winter schlecht unter ein Dach zu bekommen. Die Streubreite vom Erzgebirge über Halle und Magdeburg bis zu Märkisch-Oderland ist zu groß. Solch ganz große Familientreffen bleiben doch den Sternstunden vorbehalten wie wir sie in diesem Jahr zu meinem 66. Geburtstag in der Colbitz-Letzlinger Heide erlebten. Kam in den ersten Jahren manchmal auch ein richtiger Weihnachtsmann, vor dem sonst selbstbewusste Enkelkinder auch einmal in die äußerste Sofaecke verschwanden, so müssen jetzt Oma und Opa kleinen Weihnachtsmännern Ehrerbietung erweisen, Sprüche aufsagen oder Lieder singen. So ändern sich die Sitten.

Nur einmal waren wir Weihnachten nicht zu Hause. 1992 wollten wir das Fest in den Alpen erleben. In Garmisch-Partenkirchen hatten wir schon im Sommer eine preiswerte Unterkunft gefunden, mit Ausblick auf die Zugspitze. Der Ort und die Gegend hatten es uns angetan. Deshalb wollten wir dort auch einmal Weihnachten erleben, mit Harz und Erzgebirge vergleichen. Wir waren enttäuscht. Im ganzen Ort vielleicht nur zwei drei Fenster mit einem Schwibbogen geschmückt. So völlig weiß war es im Ort auch nicht. Das anheimelnde Quartier, das Chorkonzert im Gymnasium und der stille Ort konnten unsere Enttäuschung nicht mildern. Am späten Abend gar war Garmisch-Partenkirchen menschenleer. Nur ein paar Ausländer schlichen gleich uns durch die verlassenen Straßen. Wir trösteten uns am Feiertag mit einer Bergwanderung im Schnee und mit Schwimmen in der Olympiaschwimmhalle.

Nein, Weihnachten bleiben wir auch in Zukunft zu Hause. Etwas anderes ist das schon zum Jahreswechsel. Da hatten wir schöne Erlebnisse, u. a. in Wien am Stefansdom und in der Kärntner Straße. Als uns das Gedränge zu groß wurde, und die Knaller fast an unserem Körper explodierten, flohen wir mit der Straßenbahn schnell in unser Quartier und stießen dort noch rechtzeitig auf das Neue Jahr an. Das war übrigens das Jahr 1991. Unser Wienaufenthalt ersparte uns, das traurige Ende des DDR-Fernsehens aus der Nähe mit zu erleben. Jetzt schreiben wir Dezember 1997. Unser zwanzigstes gemeinsames Weihnachtsfest steht vor der Tür. Wir gehen es wesentlich ruhiger an als früher. Sicher hat das etwas mit dem nunmehr ausgewogeneren Alltag des Rentners zu tun. Dabei kann ich über Langeweile wirklich nicht klagen, hab mir auch genügend Beschäftigung organisiert, aber doch eben freiwillig. Das wichtigste scheint mir zu sein, dass wir effektive Zeitabläufe für die verschiedensten Fälle eingeschliffen haben. Da ist es dann gar nicht so schlimm, dass Du noch in Lohn und Brot stehst, auf einem Platz, der Dich ganz schön fordert. Wir haben das Familienleben einigermaßen im Griff, auf jeden Fall besser als Regierung und Wirtschaft das Leben des Volkes. Dass der Herrgott die Welt effektiv leitet, vermag ich nun schon gar nicht zu erkennen. Vielleicht ist er es auch einfach müde geworden. Selbst sein eigener Sohn, den er vor zweitausend Jahren auf die Erde schickte, hat nüchtern betrachtet, wenig erreicht. Ans Kreuz hat man ihn geschlagen. Seine Friedensbotschaft nicht wahrgenommen. Wünschen wir uns noch viele gemeinsame Weihnachten und „Frieden allen Völkern".

Kein Geld, kein Geld!

November 1998
Wenn ich höre, dass es an Geld fehlt, noch dazu aus dem Munde unserer Abgeordneten, dann erhöht sich immer mein sonst so gleichmäßiger Puls, und ich möchte dagegen halten: Gibt es nicht umgekehrt zuviel Geld?

- Müssten wir denn bei Geldmangel nicht in erster Linie den Aufbau der Paläste für Regierung, Banken und Versicherungen ein wenig bescheidener gestalten?
- Müssten dann die Rechnungshöfe von Bund und Ländern nicht auf ihre ständige Anprangerung der Verschwendung von Milliarden an Staatsgeldern durch Schlamperei und Misswirtschaft der Behörden verzichten können?
- Müssten dann nicht zuallererst Abgeordnetendiäten und Alterspensionen der Politiker auf ein immer noch hohes Normalmaß zurückgeführt werden?

Im Vergleich zu Prestigebauten und Golfplätzen für einige wenige, sind doch z. B. die erforderlichen Mittel für eine wohngerechte Gestaltung der Silberhöhe nur Peanuts oder könnten von der Portokasse bezahlt werden.
Müssten Politiker nicht zuerst der Verschleuderung von Mitteln Einhalt gebieten, bevor sie beginnen bei Kindern, Alten und Arbeitslosen zu sparen?

Nein, Geld gibt es genug, man müsste es nur anders einsetzen und verteilen. Man sage nicht, mit dieser Forderung wird das Grundgesetz angegriffen und an der marktwirtschaftlichen Ordnung gerüttelt. Reine Marktwirtschaft, zügelloses Regieren des Geldes ist grundgesetzfeindlicher als Forderungen nach mehr Gerechtigkeit. Das Grundgesetz ist doch nicht nur zum Schutz der Marktwirtschaft geschaffen, sondern zum Schutz der Bürger. Einige Artikel gilt es erst noch zu verwirklichen, Artikel 1 (1) z. B.: „Die Würde des Menschen ist unantastbar. Sie zu achten und zu schützen ist Verpflichtung aller staatlichen Gewalt." Oder Artikel 14 (2) „Eigentum verpflichtet. Sein Gebrauch soll zugleich dem Wohl der Allgemeinheit dienen".

Ach, würden sich doch auch die Politiker, die lautstark mehr Gerechtigkeit verkünden, vor dem großen Geld dann doch nicht nur wie das Kaninchen vor der Schlange verhalten.

Oder sind sie vielleicht gar nur das Kaninchen?

Ins neue Jahrtausend!

1. Januar 1999

Es ist kurz nach 13:30 Uhr. Aus dem Fernseher ist soeben der Radetzkymarsch verklungen, eine Zugabe der Wiener Philharmoniker in ihrem Neujahrskonzert. Nun sind wir im letzten Jahr des Jahrtausends angekommen. Stimmt nicht einmal, es ist das vorletzte. Aber es ist auf jeden Fall das letzte mit einer Eins als erster Ziffer. Auch die längsten Schläfer fanden den Weg aus den Betten. Der Pulverdampf der Raketen und Knallkörper hat sich verzogen, die Reste der Papierhülsen und sonstiger Sylvestermüll liegen noch herum. Wir haben bei kaltem aber sonnigem Wetter schon eine zweistündige Radtour hinter uns. Das neue Jahr begegneten wir still in unserer Dachgeschosswohnung, nicht weit entfernt vom innerstädtischen Trubel mit lauter Diskomusik, ohrenbetäubendem Lärm und dem zaghaften Versuch des Stadtorganisten, dagegen anzukämpfen, mit Händels Musik und dem Glockenspiel vom Roten Turm. Die Neunte Sinfonie Beethovens erlebten wir bereits gestern in der neuen Händelhalle. Wir haben ein gutes Jahr hinter uns, gehen gesund – d. h. dem Alter entsprechend gesund – ins nächste. Eigentlich müssten wir rundum glücklich und zufrieden sein. In der neuen Wohnung fühlen wir uns wie im Himmel, sind ja auch weit oben, fast über den Dächern von Halle, mit herrlicher Aussicht nach Nord und vorerst auch nach Süd, zumindest bis die Baulücke zwischen Hallmarkt und Händelhalle geschlossen wird; und das alles mitten in der City. Und doch kann ich nicht einstimmen in den Chor der optimistischen Deutschen, wenn es den denn überhaupt so gibt, wie ihn Meinungsforscher glauben, herausgefunden zu haben.

Der erste Grund ist ein Schuldgefühl gegenüber denen, die ärmer, hungrig und weniger glücklich leben. Womit haben wir es verdient, dass es „uns doch noch gold geht"? Haben wir es überhaupt verdient? Selbst den Menschen in den „neuen Bundesländern", die mit Recht klagen, in vielen Dingen die Benachteiligten zu sein, haben sie doch nur Krümel vom Kuchen des deutschen Kapitals, des Grund und Bodens, der Immobilien; einen geringeren Lohn, dafür gleiche und höhere Lebenskosten, selbst ihnen, zumindest der Mehrheit „geht es eigentlich gold". Ist das nun so, weil wir vom Glück geschlagen sind, oder weil ein höheres Wesen uns mehr liebt als die vielen anderen „Gotteskinder" dieser Erde? Liegt es vielmehr nicht daran, dass wir, die entwickelten Länder, der übrigen Welt die Bodenschätze nahmen, dass die Mehrheit der Menschheit bis heute für Europa und Nordamerika arbeitet?

Nun mag die Meinung „uns geht es gold" oder auch „was kümmert mich der Krieg fernab in der Türkei?" in Zeiten eine Berechtigung gehabt haben, als die Menschen, in Stämmen gegliedert, ihren Lebensraum gegen Fremde verteidigten, diese in unbewohnte Gebiete verdrängten, auch noch zu Zeiten als Nationen entstanden, der Erdball nicht aufgeteilt war. In Zeiten der „Globalisierung", eigentlich schon mit dem Zeitpunkt, da die endliche Oberfläche der Erde in etwa erschlossen ist, muss sich die Menschheit doch Gedanken machen, wie sie mit einander leben will: mit Kriegen, in denen die Stärkeren die Schwächeren umbringen, gleich ob mit Bomben und Kugeln in der Schlacht oder ob durch Hunger, oder will sie mit „uns geht es ja noch gold" die Weltprobleme verdrängen, was schließlich bedeutet, den Kollaps nur zu verzögern, oder wollen wir warten bis die unterdrückten und hungernden Völker antreten, uns zu verdrängen? Schließlich sind sie doch ein paar mehr. Schutzwälle und Gesetze halten dann keinen ernsthaft auf, und moderne Waffen sind auch in den Händen einzelner gefährlich, gleich ob sie als Terrorist oder Befreiungskämpfer einzustufen sind. Mich bedrückt, dass die Menschheit keinen Ansatz zeigt, um im nächsten Jahrtausend ihren Kindern und Enkeln den Erdball lebens- und liebenswert zu hinterlassen. Weihnachten 1998 und die Jahreswende ins Jahr 1999 geben keinen Anlass zum Glauben an eine friedliche Welt. Kriege und Konfliktherde gibt es rund um den Erdball mehr als je zuvor. Kurz vor Weihnachten, als aus allen Lautsprechern schon die fröhliche und selige, die stille und gesegnete Zeit verkündet wird, erfolgt eine Neuauflage des Golfkrieges, sterben Kinder und Frauen im Bomben- und Raketenhagel. Im Kosovo bringen sich Völker gegenseitig um. Der hoffnungsvolle Beginn der Aussöhnung zwischen Palästina und Israel wird erstickt. In Kolumbien kämpfen Todesschwadrone und Freiheitskämpfer gegeneinander. Russland führt eine neue Generation der Atomraketenbewaffnung ein, und Clinton fordert vom Kongress die Erhöhung des „Verteidigungsetats" um eine Milliardensumme, die selbst Reagans „Nachrüstung" zu Zeiten des kalten Krieges noch übersteigt. Das alles ist nicht nur in dem Sinne schlimm, dass die Friedensbotschaft der Engel vor 2000 Jahren in Kirchen und Weihnachtsstuben eingesperrt ist, während draußen gemordet wird, sondern in dem Sinne, dass reale Chancen und Maßnahmen zur Friedenssicherung nach dem Völkermord im zweiten Weltkrieg regelrecht zurück gebombt werden. Eine weltweite Abrüstung ist in weite Ferne gerückt. Die UNO, das vielleicht wichtigste Ergebnis des 2. Weltkrieges, verliert an Bedeutung, auf jeden Fall ist ihre internationale Autorität zur Zeit geringer als zur Zeit der Gründung 1946 in San Francisco. Zum Optimismus gibt das alles wahrlich keinen Anlas. Man könnte verzweifeln, wüsste man nicht, dass es trotz alledem eine Entwicklung gibt, und dass in der bisherigen Geschichte es oft Utopisten waren, die dazu beitrugen, dass es eine Entwicklung von Niederem zu Höherem, von der Barbarei zur Zivilisation, von der Tyrannei zur Demokratie wurde. Deshalb lass ich mir die Utopie von einem Frieden auf Erden nicht rauben. Bedenklich stimmt nur die bittere Erkenntnis, dass wir dem Weltfrieden schon näher waren und uns jetzt wieder davon entfernen.

Voller Optimismus bin ich auch nicht, „denk ich an Deutschland in der Nacht". Zusammen wächst das „einig Vaterland" unter Schwierigkeiten wie sie sich wohl zu Zeiten des „Beitritts" niemand vorgestellt hat. Sicher liegt das daran, dass ein Zusammenwachsen gar nicht programmiert ist, mehr ein Vereinnahmen des kleineren durch den größeren. Darüber kann auch kein Wortschwall der Politiker hinweg täuschen, die den Aufbau Ost zur Chefsache machen. Grund und Boden gehört de facto den Westdeutschen, eine Großindustrie gibt es nicht mehr, im Mittelstand halten Betriebsgründungen und Konkurse einander die Waage, wie viel Arbeitsplätze auch immer geschaffen werden, noch mehr werden wieder wegrationalisiert. Das kann ja auch gar nicht anders sein, wenn nur das Geld, genauer gesagt seine Vermehrung zum alleinigen Kriterium allen Fortschritts verkommt. Solange nur der Markt das Zusammenwachsen Deutschlands reguliert, werden für uns nichts als Brosamen abfallen, und wenn der ostdeutsche Michel sich zu Wort meldet, sich bewusst wird, dass er eigentlich mit den Worten „wir sind das Volk" etwas Anderes wollte, dann wird mit „Transferentzug", „Fördermittelkürzung" u. ä. gedroht, ganz so wie einst den Kolonien gegenüber. Geht es an Kapitalinteressen, dann beugen sich unsere sonst so wortgewaltigen Politiker den sog. Sachzwängen, erinnern sich an ihre Mitgliedschaft in Aufsichtsräten und erstarren vor dem großen Kapital bzw. seinen Repräsentanten wie das Kaninchen vor der Schlange. Sie sind das Kaninchen. Es regiert die Schlange. Glänzende Fassaden, das Überangebot an Konsumgütern, die Erkenntnis: „uns geht es immerhin noch besser als anderen", „mit der Rente kommen wir ganz gut zurecht", nehmen uns nicht die Sorge, dass der soziale Unfriede noch zu viel Schlimmerem führen kann, als jetzt schon beim Überschwappen spontanen oder organisierten „Volkszornes" sichtbar wird, gleich ob Pöbel oder Männer im Nadelstreifen dahinter stehen. Halten wir unseren Optimismus also in Grenzen. Lassen wir uns am Beginn des „Internationalen Jahres der Senioren" nicht beiseite schieben, sondern melden uns zu Wort, packen dort mit an, wo wir helfen können.

Aus Briefen an Sharika P.

10. Februar 1999

... Ich versuche es nach wie vor mit dem Schreiben. Veröffentlicht wird sicher nie etwas, vielleicht ist es auch nicht gut genug. Schlechtes wird viel gedruckt. Lesenswertes auch, aber wie Du sagst, teuer verkauft. Ich schreibe nur, um mir meine Gedanken von der Seele herunter zu reden. Nur ganz wenige Menschen hören oder lesen es mit Interesse. Das reicht mir. Es ist mehr eine Dokumentation für meine Gedankenwelt ...

04. Juli 1999
... Zurzeit beschäftigt uns der Garten sehr, vielleicht bauen wir einfach zu viel an. Das muss eben auch alles geerntet und verarbeitet werden. Die Erdbeerernte war sehr gut, machte aber viel Mühe vom Pflücken bis zum Marmeladekochen. Auch Johannisbeeren und Kirschen gibt es reichlich. Leider auch einige Plagegeister wie Wühlmäuse und Schnecken, die ungebeten mit ernten. Das Schlimmste ist, dass sie ausgesprochene Feinschmecker sind. Die Schnecken nehmen nur die zartesten Pflänzchen, die wir gerade gesetzt haben, nicht etwa die großen, die wir mit ihnen sogar teilen könnten, damit lassen sie ein Wachsen gar nicht zu. Die Mäuse sind noch schlimmer. Sie beißen die Bohnen- oder Kartoffelpflanzen einfach nur durch. Ich würde sagen: Vandalismus pur. Die Pflanze und unsere Ernte sind hin und sie hätten auch mehr davon, würden sie die Knollen ausreifen lassen wie im Vorjahr. Da nahmen sie die Sellerieknolle erst im Herbst, waren nur schneller als wir. Aber so finde ich es einfach unfair. Manchmal glaube ich gar, sie passen sich so ganz der Ellenbogengesellschaft der Menschen an. Inge kämpft gegen sie einen heldenmütigen Kampf, nicht immer siegreich ...

Theresienstadt

24. März 2000
Beim Durchfahren der Stadt Terezin (früher Theresienstadt) wurden wir immer schon auf die gewaltige Festungsanlage aufmerksam, aber auch auf die Gedenkstätten und den Touristenverkehr drum herum. Wie gern wollten wir uns mit der Geschichte der Festung beschäftigen, der letzten und vollkommensten offensichtlich, auch wenn sie ihre eigentliche Aufgabe nie erfüllte. Schon als Festung war sie zu spät fertig gestellt. Die

preußischen Truppen zogen auf anderen Wegen gen Habsburg. Zu solcher Geschichtsbetrachtung kommen wir aber nicht. Die Nazis schrieben eine ganz andere. Wir wollten uns auch der stellen. Hatten viel über Theresienstadt gehört und gelesen. In der Nähe drei Wochen Kur machen und das KZ Theresienstadt ignorieren, lag uns nicht. Wir stellten uns und sind tief betroffen. Sowohl über das Unvorstellbare an Grausamkeiten, was Deutsche, ganz normale Deutsche hier verbrochen haben, nicht nur die Rädelsführer und Kommandeure. Sie hatten ja Mannschaften, Verwaltungspersonal, Rotkreuzschwestern. Bräute und Angehörige besuchten die Uniformierten.

Andererseits beeindrucken die kulturellen Zeugnisse der Juden, vor allem der Künstler, der Literaten und Musiker, aber auch der Kinder. Ihr Aufgeschriebenes, Gemaltes, Gebasteltes geht einem an die Nieren. Ein „Nie Wieder" ist zu wenig. Wir schämen uns, verneigen uns tief. Um Verzeihung zu bitten, reicht auch nicht. Tun wir nicht mehr, wenn wir für Völkerverbrüderung und Verständigung eintreten, auch wenn die bisherigen Versuche dazu scheiterten? Unser Erdball ist eine Kugel mit endlicher Ausdehnung. Entweder wir verständigen uns wie wir – will heißen alle Völker – miteinander leben, oder weitere Geschichte ist sinnlos. Sündenböcke genauer Schuldige für zum Himmel schreiende Ungerechtigkeiten können nicht Völker, nicht Rassen sein, allenfalls Despoten und von ihnen Verleitete.

Leere Stühle

Mai 2001

In den Nachkriegsjahren 1945–1950 beeindruckte mich eine Erzählung Martin-Andersen-Nexös über leere Stühle. Der Dichter beklagte sich darüber, dass in den Theatern und Konzertsälen so viele Plätze leer blieben weil das einfache Volk für

die teuren Plätze kein Geld, wohl auch für die hohe Kunst nicht genügend Verständnis aufbringen konnte.
Wie oft musste ich daran denken, wenn ich später in voll besetzten Konzert- und Theatersälen saß und andächtig lauschte.
Ich glaubte die Zeit der „leeren Stühle" endgültig überwunden, dachte, Martin-Andersen-Nexös Traum hat sich erfüllt.
Das einfache Volk hat die freien Plätze in Besitz genommen.
Traurig stimmt mich da heute der Besuch unserer schönen Händelhalle. Im Konzertabonnement ist das Haus oft nur zur Hälfte gefüllt. Im Opernhaus ist das nicht anders. Sogar Lehars Operette „Land des Lächelns" vermochte nur teilweise Parkett und Ränge zu füllen. Niederschmetternd war für mich ein Orgelkonzert. Fünfundzwanzig Besucher verloren sich im großen Parkettsaal. Den Zugang zur Empore hatte man gleich gar nicht geöffnet.
Was machte es, dass die wenigen Anwesenden dem Spiel Professor Kupkes und der neuen Orgel mit großem Applaus Dank und Referenz erwiesen. Die leeren Plätze waren nicht zu vertuschen. Martin Andersen Nexö kam mir wieder in den Sinn. Seine „leeren Stühle", die ich schon der Vergangenheit zurechnete, waren wieder gegenwärtig, nicht irgendwo, nein in einem der reichsten Länder Europas, in der Händelhalle, der Schwester des Leipziger Gewandhauses, in der Kulturhauptstadt Sachsen-Anhalts.

Inferno oder völlig neues Miteinander?

13. September 2001

Zwei Tage nach dem 11. September 2001. Nichts wird mehr so sein wie zuvor. Berlinkrise, Berliner Mauer, Kubakrise, immer gelang es bisher, der Welt das Inferno zu ersparen, weil besonnene Präsidenten oder Generalsekretäre zur Erkennt-

nis kamen, dass nichts und niemand unverwundbar ist, dass man mit Gewalt nicht alle Probleme lösen kann.
Das zerstörte Manhattan und angeschlagene Pentagon zeigen die Zerbrechlichkeit der menschlichen Zivilisation. Dieser 11. September kann der Beginn des Untergangs unserer Welt aber auch der Beginn eines Erwachens sein, die Erkenntnis fördern, wie sie zu schützen und zu erhalten sei.
Hoffentlich haben die heute Herrschenden soviel Verantwortung vor der Zivilisation, dass sie nach Mitteln zur Deeskalation suchen, nicht weiterhin unschuldige Menschen zu Tausenden gefährden. Die jetzt zutage tretenden Konflikte zwischen den Kulturen haben auf beiden Seiten Ursachen und erfordern ganz andere Lösungsansätze, als bisher versucht. Offensichtlich sind Raketenschilde, große Armeen mit Panzern und Kampfflugzeugen, auch teure Geheimdienste nicht geeignet, zumindest nicht hinreichend.
Alle Völker dieser Welt haben ein Recht auf Leben sowie auf die Schätze und Früchte dieser Erde. Man kann die Welt nicht mehr wie in der bisherigen Geschichte mit Macht, Ausbeutung und Unterdrückung willkürlich und ungerecht aufteilen. Zu einem Ausgleich, der auch den Ärmsten einen Anteil am Kuchen zugesteht, ihnen Leben und Gesundheit sichert, müssen wir uns schon bequemen. Sonst wird der Hass auf die Reichen dieser Welt bleiben, und gewissenlose „Revolutionäre" oder Terroristen der unterschiedlichsten Art werden Zulauf bekommen. Man muss die Welt schon im Konsens der Kulturen, nicht in ihrer Polarisation gestalten. Dann bekommen Verbrecher keine Armeen, auch keine Selbstmordkommandos. Dazu bedarf es des Miteinander und des gegenseitigen Respektierens. Alle Kulturen und Religionen der Welt haben doch Elemente, die das Zusammenleben der Menschen, ihr Verhalten zur Umwelt ordnen und regeln. Aus ihnen könnte man doch so etwas wie ein „Weltgrundgesetz" machen. Sicher haben auch alle Religionen Elemente, die ihre Träger – vorsichtig gesagt –

erhöhen, überbewerten, die dazu führen, schonungslos das andere zu bekämpfen und zu vernichten. Das „auserwählte Volk Gottes zu sein", „die Ungläubigen zu vernichten", wie auch die arrogante Sicht, der Welt den „American way of life" aufzuzwingen, sind als Grundwerte der Gesellschaft auf diesem endlichen Erdball gleichermaßen ungeeignet, nicht tauglich. Es kommt vielmehr darauf an, aus allen vorhandenen Kulturen das zu „kultivieren", was das Zusammenleben fördert und das zu unterbinden, zumindest im Zaum zuhalten, was anderen schadet. Jede Struktureinheit dieser Gesellschaft, von der Familie angefangen, aber auch die Sippe, der Stamm, die Kommune, das Land, die Nation, eigentlich alle gesellschaftlichen Strukturen der Menschheit haben sich doch solche Gesetze des Zusammenlebens geschaffen. Seit 1945 versucht man auch so etwas für die Völker der Erde aufzustellen. Trotz Rückschläge ist ja auch einiges gelungen. Dürfen wir da verzweifeln?

Klein, aber oho!

November 2001

Unsere Heimatstadt Halle tut sich schwer mit ihrem kulturellen Image. Einerseits besteht der hohe Anspruch „Kulturhauptstadt" des Landes zu sein – „**ein** kulturelles Zentrum" wäre schon anspruchsvoll genug. Zum anderen werfen angesehene Bürger solche Fragen auf wie: Können wir uns zwei Orchester leisten? Müssen es zwei Theaterbühnen sein? Könnte man nicht gar das Opernhaus schließen? Rechnet es sich nicht besser, aus dem Ratshof ein Kaufhaus zu machen und den Rat ins Postgebäude umzusiedeln? Das sind doch absurde Vorschläge, wenn es darum gehen soll, Halle als kulturelles Zentrum zu gestalten? Dabei gibt es fast im Verborgenen fleißige Bürger, die mehr

für Halles Kultur tun als Stadträte und Kulturschaffende zusammen.
Vor kurzem fand ein „Hintertürchen" des Senioren-Kreativ-Vereins in der Gutenbergstraße statt. Wir waren Gast des Projekte-Verlages 188 und der JUCO GmbH, einer digitalen Druckerei, die zwar in nur kleinen Auflagen aber mit modernster Technik Bücher und andere Druckerzeugnisse herstellt. Das verblüffendste daran ist, dass ein Buch, genauer natürlich sein Inhalt, auf einer Diskette eingegeben wird und je nach Bedarf eine gewünschte Anzahl Bücher gedruckt werden kann. Eine Lagerung der Tausende von Exemplaren der Erstauflage entfällt. Sind alle Bücher verkauft, kann die Diskette neu eingeschoben werden, und wiederum werden soviel Bücher gedruckt wie der Autor haben möchte. Das ist natürlich eine Revolution in der Buchherstellung. Debütanten, auch Schreibende für den Familien- oder Bekanntenkreis, erhalten überhaupt erst eine Möglichkeit, ihr Produkt gedruckt und gebunden in die Hand zu bekommen. Vom Markt verschwundene Bücher können unkompliziert neu aufgelegt werden. Die digitale Druckerei hat Maschinen, die in einer kleinen Werkhalle, fast möchte man sagen von der Größe eines Wohnzimmers, Platz finden. Wir konnten beobachten wie die computergesteuerte Druckmaschine in brillantem Farbdruck Kalenderblätter eines Abreißkalenders ausdruckte. Mit herkömmlicher Technik versah ein Kollege die Blätter einzeln mit einem Falz zum späteren Abriss. Eine zweite moderne Maschine verleimte die Blätter zum Kalender. Das Beschneiden und Lochen erfolgte wiederum mit herkömmlicher Technik. Der eigentliche Druck aber ist wohl doch so etwas wie eine zweite Gutenbergsche Revolution wie uns die Inhaber mit Stolz verkünden.
Ein Zufall, dass ihre Druckerei in der Gutenbergstraße steht? Wohl doch eher ein bedeutungsvolles Omen.
Stadtväter und -mütter, auch ein solch kleiner Druckereibetrieb trägt dazu bei, dass Halle ein Kulturzentrum bleibt. Gebt

dem mittelständischen Unternehmen eine Chance und Aufträge. Und wenn's nicht gar so schwer fällt, lasst das Straßenschild „Gutenbergstraße" möglichst bald wieder anbringen. Es fehlt schon seit Baubeginn.

Gedanken zu Weihnachten

21. Dezember 2001
Und wieder naht das Weihnachtsfest, das zweite schon im neuen Jahrtausend. Frieden auf der Welt gibt es nach wie vor nicht. Es gilt wie ehedem Auge um Auge, Zahn um Zahn. „Kampf dem Terrorismus", heute noch in Afghanistan morgen in Somalia. Die Terroristen sind immer die anderen. Kriege werden wie bei den Kreuzrittern zwar um handfeste ökonomische Interessen geführt, damals um Handelsstraßen heute um Pipelines und Ölquellen, der Welt lügt man dann vor, es ginge um Menschenrechte. Gekämpft wird gegen das „Böse". Vergessen wird, dass die anderen guten Grund haben, ihrerseits Kreuzritter, Kolonialmächte und Supermächte als das „Böse" zu empfinden, schließlich wurde es ihnen jahrhundertlang eingebläut. Ich bin traurig, dass selbst der 11. September 2001 die Herrschenden der Welt nicht aus ihren Denkschablonen hat ausbrechen lassen. Folge ist größeres Elend als je zu vor und Abbau demokratischer Rechte. Vielleicht hat Afghanistan in der Tat jetzt eine Friedenschance, vielleicht, klar ist das noch lange nicht. Auf jeden Fall aber sind Palästina und Israel in den letzten Wochen um Jahrzehnte im Ausgleich der beiderseits berechtigten Interessen zurückgeworfen, wenn denn nicht überhaupt vom Frieden ausgeschlossen. Das von mir am 13. September formulierte kann ich heute, so sehr ich es wünschte, nicht korrigieren. Die Zeit läuft uns davon. Erkennt denn keiner, dass die anderen mehr sind, vor

allem fruchtbarer als der vom Konsum degenerierte Westen? Ich bleibe dabei, lebenswert, fruchtbar für die Menschheit bleibt der Erdball nur, wenn es gelingt, ihn zu befrieden, die Interessen der Gruppen oder Kulturen auszugleichen. So isoliert und einsam fühle ich mich in dieser Ansicht gar nicht. Im Grunde ist das Bestandteil aller Religionen, aller Kulturen und Ideologien. Wenn das einfache Menschen erkennen, haben wir auch kein Recht, die Politiker von dieser Erkenntnismöglichkeit auszuschließen.

Der Verein und das Amt

Oktober 2002

Es war einmal vor langer, langer Zeit ..., halt Stopp, das kann auch genauer gesagt werden: Es war also in den ersten Jahren des letzten Jahrzehntes des vergangenen Jahrhunderts oder auch Jahrtausends – ganz wie Sie wollen, lieber Leser – da verschwand ein kleines Ländchen in Mitteleuropa von der Landkarte. Viele seiner Bürger und ihre Oberen hatten 40 Jahre einer Vision nachgejagt, wollten an der Seite eines Riesenreiches im Osten die Welt verändern, zumal sie zuvor zweimal mitgeholfen hatten, dieselbe Welt in eine Katastrophe zu stürzen. Die Ehrlichen unter ihnen glaubten sogar, damit Schuld ihrer Väter abtragen zu können. Fleißig, bescheiden und brav waren die Bürger, glaubten lange ihrer Führung, denn die damalige Religion versprach für die Zukunft ein Himmelreich auf Erden. Dass es außerhalb der Grenzen dieses Ländchens und seiner Verbündeten auch andere Lebensauffassungen gab, verdrängte man. Auch achtete die Regierung peinlichst darauf, dass wenig der feindlichen Lebensauffassungen über die Grenzen herüberschwappte. Die herrschende Religion oder Gesellschaftskonzeption, wie man damals sagte, muss wohl aber doch einen Webfehler gehabt haben, der schon sehr früh beim Anfertigen dieser Religion entstand. Eins wurde jedenfalls zunehmend deutlicher, die Massen waren nicht mehr so gläubig wie in früheren Zeiten, und alles Nachhelfen von Seiten der Obrigkeit half nichts. Schließlich wurde es dem Volk zu bunt. Wie schrecklich! Die Menschen kamen spontan zusammen, zu gewaltigen Demonstrationszügen, machten Kirchen zu Versammlungsräumen, schrieben auf ihre Transparente und skandierten „Wir sind das Volk". Das kleine Ländchen verschwand, wurde seinem westlichen Nachbarn beigetreten, weil man dort ja – abgesehen von einigen überseeischen Sprachschöpfungen der Neuzeit – mit gleicher Zunge redete. Man erinnerte sich auch daran, dass man früher gemeinsam versucht hatte, andere Völker zu beglücken.

Auf dem ersten Blick war alles bestens. Endlich war man frei, hatte Bananen, eine harte Währung, die den bisher so ortsgebundenen Leuten gestattete, nun auch in fernen Ländern als gerngesehene Touristen aufzutreten. Aber da waren die vielen gebrochenen Biographien der Individuen. Nicht alle waren ja Widerstandskämpfer gewesen, manche hatten sich auch ehrlich mit dem Staat identifiziert, sehr viele, wenn nicht alle, waren im Gebrauch der neu erworbenen Freiheitsgrade ungeübt, viele hatten plötzlich keine Berufsperspektive mehr, weil zu dem Überfluss an Waren nun unerwartet auch ein Überfluss an Arbeitskräften kam. Die Brüche der Biographien betraf in erster Linie die über 55-Jährigen, sie erlebten einen so fundamentalen Umbruch zum zweiten Male in ihrem Leben, wurden en masse in den Vorruhestand gedrängt.

Ein junger Poet, der – von schöpferischer Unruhe geplagt – im literarischen Wirken nicht nur lebensechte Figuren in Romanen und Kinderbüchern geschaffen hatte, sondern als Kraftfahrer auf einem Einsatzwagen der „Schnellen medizinischen Hilfe" und im Auslandseinsatz auf afrikanischer Erde auch hautnah Einzelschicksale erlebt hatte, wollte in einem Projekt „Lebenshilfe durch Lebensbeschreibung" solch betroffene ältere Menschen interviewen, sie anregen, sich ihre Probleme von der Seele zu schreiben. Von den zunächst 150 zum ersten Gespräch erschienenen Bürgern kristallisierte sich ein Zirkel „Schreibende Senioren" heraus, der zur Keimzelle eines im Januar 1993 gegründeten Vereins wurde. Das kleine Häuflein der „Schreibenden", zu dem sich Mitglieder eines Geschichtsstammtisches und eine Wandergruppe gesellten, gab sich den Namen „Senioren-Kreativ-Verein". Ein rasanter Aufstieg begann.

Aus heutiger Sicht verdanken wir das wohl drei Faktoren:

- Der Poet mit Namen Konrad verbündete sich mit Heike, einer Beschäftigten im Modellprojekt „freie Hand", welches neue Ansätze und Organisationsformen zwischen Kultur, Sozialem und Verwaltungen erproben sollte. Beide schufen eine tragfähige Strategie, wurden ein Führungs- und Leitungsteam, das Mitstreiter um sich scharen konnte und sich mit immer neuen Ideen und beständiger Hartnäckigkeit im neuentstandenen Projektwald unseres vereinigten Vaterlandes zurechtfand,
- viele Mitglieder und Sympathisanten, die sich um die beiden scharten und mit Einsatz und Energie die Sache des Vereins oder eines Zirkels zu ihrer persönlichen machten, ohne nach Honorar und Aufwandsentschädigung zu fragen,
- schließlich eine solide finanzielle Unterstützung durch Bund, Land und Stadt.

Und doch trieb der Verein später fast in den Konkurs.

Vorerst aber ist der auf Erfolgstour. Wirklich, der Versuch eines anderen Weges in der offenen Altenarbeit konnte sich sehen lassen. Bald hatte er in der Stadt und darüber hinaus einen guten Namen. Zu den Schreibenden und dem Geschichtsstammtisch kamen ca. 35 kreative Freizeitgruppen für Ältere hinzu wie z. B. Wandern, Gymnastik, Radfahren, Töpfern, Gedächtnistraining, Botanik, modern dance, Skat, Kegeln, Englisch, Computer, Handarbeiten und Basteln. Das Laienkabarett „Die Oldies" wurde stadtbekannt und trug den Namen Halle und SKV weit in deutsche Lande. Mit den soziokulturellen Begegnungsstätten. „Schöpfkelle", später „Bäumchen" in der Silberhöhe, „Schöpfwerk" in Heide-Nord und „Delta" in Halle-Trotha deckte der Verein im Stadtgebiet einen beachtlichen Teil der Nachfrage. Das Bäumchen z.b. bot monatlich 140 Veranstaltungen an, die von ca. 1800 Menschen besucht wurden. Manch privater oder staatlicher Fernsehsender beneidete den Verein um die hohe „Einschaltquote", sprich das Teilnahmeinteresse. Die Projekte „Tandem" und „Wohnraumanpassung" entstanden.

Es regnete Anerkennungen der zuständigen staatlichen Stellen von der Kommune bis zum Bund: Auszeichnung im Bundeswettbewerb „Solidarität der Generationen" zwei Jahre später im Bundeswettbewerb „Bewegung, Spiel und Sport im Alter". Es war eine „Hoch-Zeit" des Vereins, vom Vorsitzenden und der Geschäftsführung kaum noch zu überblicken. Die immensen Aktivitäten funktionierten nur dank engagierter Arbeit der zahlreichen ABM-Kräfte, dank der großen Zahl ehrenamtlich tätiger Mitglieder und auch solider finanzieller Förderung.

Mit einem Schlag endete das alles. Klar war, dass Fördergelder nicht ewig wie in der ersten Aufbauzeit fließen konnten. Kein Verständnis herrschte aber darüber, dass das „Amt", das den Verein immer wieder bat: Habt Ihr nicht noch neue Ideen, könnt Ihr nicht noch ein weiteres Projekt anschieben. Geld und ABM-Kräfte bekommt Ihr von uns, ja; das die Abrechnungen einzelner Projekte zur Kenntnis nahm und erst Jahre später die Abrechnungen als unkorrekt zurückwies und dem Verein keinerlei Fördermittel, keinerlei ABM-Kräfte mehr zuerkannte. Für manch anderen Verein wäre und war das ein Aus. In der Tat starben jetzt viele Vereine, der SKV nicht. Die Zirkel hatten sich inzwischen mit eigener Kraft konsolidiert. Solidarische Hilfe bekam der Verein von seinen Töchtern, der Kindergarten – gGmbH und der Begegnungsstätte „Bäumchen". Fast wie im Märchen lief das Vereinsleben weiter, ohne Taler und Heinzelmännchen (d. h. ohne Fördermittel und ABM-Kräfte). Die „nicht gestorben sind" leben putzmunter weiter, wahrlich ein Zeichen von Robustheit, Lebenswillen und Kreativität.

Schlimm waren die letzten Jahre trotzdem. Der Vorwurf des Amtes traf die Mitglieder tief. Der in der Öffentlichkeit geachtete Verein, der enorm viel für die Alten der Stadt getan hatte, wurde ins Abseits gestellt. Seine bisher so geforderte Kreativität war nicht mehr gefragt. Doch der Verein gab sich auch im rechtlichen Sinne nicht geschlagen. Auf seine Klage hin befasste sich das Verwaltungsgericht mit der Sache. Amt und Verein trafen sich vor Gericht. Noch ist nicht alles ausgestanden. Zwar erhielt der Verein im ersten Prozess Recht, noch stehen aber zweiundzwanzig Prozesse aus, mit ähnlicher Sachlage. Es erhebt sich die Frage: Muss das sein? Haben unsere Gerichte nicht anderes zu tun? Und Geld kostet das doch auch!

Ein normaler Wintermontag

10. Februar 2003
Heute stehen wir beide eine viertel Stunde früher auf als sonst. Meine Frau hat zwei Arzttermine. Ich setze mich nach dem Frühstück an den Schreibtisch und den Computer, arbeite das Wochenendseminar der Friedrich-Ebert-Stiftung auf. Das heißt, ordne die erhaltenen Ablichtungen und versuche, meine Gedanken in den Computer zu übertragen. Das Seminarthema lautete: „Der internationale Strafgerichtshof: Auf dem Weg zu einer globalen Rechtsgemeinschaft?". Der Vormittag vergeht schnell.
Nach dem Essen fahren wir mit Fahrrädern durch die Heide zu einer Bekannten in Kröllwitz. Eisige Kälte schneidet im Gesicht und zwackt an den Ohren. In der Heide merken wir die Kälte kaum, zu sehr müssen wir auf das Fahrrad achten. Die Wege sind glatt, vereist, vom erneuten Überfrieren holperig. Wir sind froh, als wir im Heckenrosenweg absteigen können. Der Kleincomputer am Fahrrad zeigt 15 gefahrene Kilometer an. Es reicht. Bei Kaffee und Kuchen plaudern alle drei, reden über unsere Krankheiten, über die Zubereitung der verschiedenen Fleischsorten, über die Kümmernisse und kleinen Freuden alter Leute, über das Befinden der „Tochter" des Hauses, einer Hündin der Rasse Riesenschnauzer, auch über unsere Angst und Sorge vor einem drohenden Krieg.
Wir müssen bald aufbrechen, wollen um 17:00 Uhr zum Friedensgebet in die Marktkirche. Eng nebeneinander sitzen wir dann mit Hunderten in der überfüllten Kirche, singen – obwohl „Ungläubige" – die Texte der Lieder vom verteilten Blatt mit. Es sind Choräle, die Gott um Frieden anflehen, aber auch trotzig darauf verweisen, dass Gott den Menschen „Atem gab um zu leben, Ohren, damit wir hören, Hände, damit wir handeln". Meine Frau flüstert: „Schade, dass wir so ungünstig sitzen, ich wollte schon das letzte Mal auch eine Kerze an-

zünden." Da stehe ich auf, gehe nach vorn, lasse mich auch nicht von einem mir bekannten Pfarrer abhalten, der sagt: „Wir müssen jetzt abbrechen, die Kundgebung." Ich zünde die Kerze an und sage: „Eine Kerze für die Kinder im Irak, im Süden und im Norden, für die Kinder Israels und Palästinas, aber auch für die Kinder in Afrika und Tschetschenien." Dem Pfarrer ist's nun doch recht gewesen, ein Händedruck beweist es. Ich gehe wieder an den Platz. Auch meine Frau drückt mir schweigend die Hand. Beim Hinausgehen sagt eine Nachbarin: „Das haben Sie gut gesagt."

Auf dem Marktplatz sind über tausend Menschen versammelt. Wir drängen uns an den Stand der IG Metall. Dort werden Busfahrkarten nach Berlin zur Großdemonstration verkauft. Der Beginn der Kundgebung verzögert sich. Die Technik hat Probleme mit der Mikrophonanlage. Schließlich klappt es doch. Bei unangenehmer Kälte harren die Menschen aus. Frau Oberbürgermeisterin, der Vorsitzende des DGB Landesvorstandes und andere erhalten zustimmenden Applaus. Leider gibt es bei den späteren Rednern viele Wiederholungen. Die Menschen frieren. Einige verlassen die Kundgebung. Der Beginn der anschließenden Demonstration hätte zügiger gestaltet werden können. Und doch wird sie zu einem erhebenden Gefühl für die Teilnehmer. Die Sprechchöre der jungen Attac-Anhänger schallen in der Straßenschlucht wider, die Sprüche aus dem Lautsprecherwagen der Organisatoren klingen dagegen fast zurückhaltend.

Am Ende der Demonstration, wieder in der Nähe des Marktes, treten wir an die Straßenseite, lassen den Zug vorbeiziehen. Wir schätzen: immer noch etwa 1000 Teilnehmer.

So einfach wie in früheren Zeiten haben es Kriegstreiber doch nicht mehr. Von wegen: „Keine weiteren Forderungen, Frieden für alle Zeiten" und dann ganz plötzlich: „Ab heute früh wird zurückgeschossen". So geht es nicht mehr. Selbst wenn der uns jetzt als notwendig suggerierte Krieg Wirklichkeit wird, die Gegenkräfte melden sich diesmal schon vor Kriegsausbruch zu Wort. Und keiner soll sagen: „Eine solch aufmarschierte Kriegsarmada, wie sie jetzt schon in der Golfregion steht, kann man nicht mehr aufhalten." Geschichtliche Erfahrungen zeigen zwar, dass Kriege leichter zu beginnen, als zu beenden sind. Es gab aber auch bedrohlich zugespitzte Situationen, in denen auch durchaus ein Atomkrieg hätte ausbrechen können, und doch fanden bei genügend starkem Druck der Völker kluge Präsidenten und Generalsekretäre einen Ausweg.

Wieder zu Hause verfolgen wir im Fernsehen noch das Tagesgeschehen, erfahren über die Krise in der Nato, über die deutsch-französisch-russische Initiative für die nächste Sitzung des Weltsicherheitsrates aber auch über Friedensdemonstrationen anderenorts, wie in Leipzig. Wie in früheren Jahren nach einem vollbrachten Tagewerk schlafen wir beide Arm in Arm ein.

Friedensgebete und Montagsdemonstrationen

März 2003

Inzwischen fanden in Halle achtmal Demos statt. Siebenmal war ich dabei, jedes Mal auch zuvor zum Friedensgebet in der Marktkirche. Einmal habe ich auch eine Kerze mit angezündet. Von mal zu mal wurde die Teilnehmerzahl größer, schwankte auch laut Angaben in der Presse. Zeitungsleute und Polizei zählen ohnehin anders als die Organisatoren. Auch das inhaltlich Gesagte vor und in der Kirche nahm an Deutlichkeit und Gehalt zu.

Am Montag den 10. März mischte ich mich nach dem Friedensgebet unter die Wartenden auf dem Marktplatz. Ich traf eine Bekannte mit verweinten Augen, die offensichtlich tiefen Kummer, wenn nicht schweres Leid zu ertragen hatte. Erst vor wenigen Wochen traf ich sie in ähnlicher Verfassung auf dem Laurentius-Friedhof. Ihr Bruder war kurz zuvor gestorben. Deshalb glaubte ich zunächst, ihr sei erneut großer Kummer im Familienkreis widerfahren. Ich wurde eines anderen belehrt. Ihr Kummer lag begründet im Zustand der heutigen Welt. „Gibt es denn keine Ruhe in der Welt?", „Begreifen denn die Mächtigen nicht das Leid des einfachen Volkes?" schluchzte sie unter Tränen. Wie sollte ich da reagieren? Ich hatte das ehrliche Bedürfnis, Trost zu sprechen, aber mir fiel nichts Besseres ein, als ihr zu sagen: „Wissen Sie, wenn wir einfachen Menschen schon erkennen, was in dieser Welt falsch gemacht wird, dann dürfen wir doch den Politikern nicht von vornherein solche Erkenntnisfähigkeit absprechen." Ihre Antwort sichtlich ruhiger: „Sie haben recht, ich bin zwar keine Christin, gehe aber montags zum Friedensgebet in die Kirche, weil ich dort einfach ruhiger werde."

Das Gesagte nötigte auch mich, darüber nachzudenken. Warum gehe ich als bekennender Atheist auch jeden Montag in die Marktkirche? Die Antwort ist einfach: aus Solidarität mit der Handvoll Organisatoren solcher Friedensgebete, den Pfarrern, Gemeinderatsmitglieder, vor allem den jungen Christen, die in ihren Ausführungen immer deutlichere, mutige und richtige Worte finden, couragierter als Politiker und Journalisten. Einfach aus Solidarität mit ihnen und weil ich das von ihnen formulierte voll unterschreiben kann, gehe ich auch weiterhin, wenn es mir möglich ist, jeden Montag zu ihnen. Das Mitsingen ihrer Lieder fällt mir schwer. Dem Inhalt kann ich meist zustimmen, aber mit den modernen Tonfolgen haben wohl auch die Gemeindemitglieder so ihre Schwierigkeiten. Das Vaterunser spreche ich nicht mit. Das wäre scheinheilig, und von Scheinheiligen hat die Christengemeinde hinreichend genug. Anders ist das mit der Zahl der Teilnehmer. Wenn denn diese mutigen christlichen Organisatoren ihren

Gott im Himmel haben, hat der vielleicht auch seine Controller geschickt, die zählen, wie viele denn kommen, ihrem Aufruf folgen. Diese Zahl möchte ich gern erhöhen helfen. Ich hoffe, dass meine „Brüder in Christo" nicht müde werden, mit mir und vielen anderen nach dem Friedensgebet durch Halles Straßen zu ziehen, sich auch nicht von rechten Randalen davon abhalten lassen.

Kriegsbeginn

Hammersbach, den 20. bzw. 21. März 2003.
Ab heute früh, 4:00 Uhr ist Krieg. „Gezielte Marschflugkörper auf die Führung des Irak". Eine neue Art, den Krieg zu beginnen: Man stellt das Ultimatum, dass der Präsident des anzugreifenden Landes mit seinen Söhnen das von ihm beherrschte oder regierte Land binnen 48 Stunden zu verlassen hat, ansonsten wird gebombt. Zwei Stunden nach Ablauf des Ultimatums beginnen die Kampfhandlungen.

24 Stunden später.
Es ist unser letzter Urlaubstag. Den gestrigen Abend hat uns Dabbelju versaut. Am Tag über hatten wir konsequent Radio und Fernsehen gemieden. Nach dem Abendessen wollten wir uns doch informieren. Wenn man nicht wüsste, was Krieg ist, könnte man glauben, er ist fürs Fernsehen inszeniert. Man fragt sich: Was sollen denn solche Nachrichten? „Gezielte Marschflugkörper auf Regierungsbauten, Bombenangriffe". Und dabei *kein* Toter oder *ein* Toter? Das ist doch nicht zu glauben. Oder ist es in erster Linie ein Medienkrieg? Übrigens schon seit über einem Jahr. Das erste Opfer ist die USA-Bevölkerung. Inzwischen hat man sie so meschugge gemacht, dass sie doch tatsächlich in der großen Mehrheit glaubt, Sad-

dam Hussein hätte das World-Trade-Centre angegriffen. Wenn er nicht vernichtet wird, bedroht er das große Amerika mit seinen Raketen, von denen er zwar schon die Hälfte vernichtet hat. Deshalb muss auch jetzt losgeschlagen werden. Man stelle sich vor, in 2–3 Wochen hätte Blix gemeldet: „Alle Raketen vernichtet." Womit hätte Saddam dann die USA bedroht? Dabbelju hätte sich dann etwas Neues einfallen lassen müssen. Bei seinem Sendungsbewusstsein würde ihm das sicher nicht schwer fallen. Ich hab nur schrecklichen Horror vor Leuten mit Sendungsbewusstsein. Haben sie keine Macht, mag es ja gehen. Man kann sie als Irre oder Kranke abtun. Haben sie zu ihrem Sendungsbewusstsein auch noch Macht, dann wird es gefährlich. Jedenfalls konnten wir nach den ersten Fernsehbildern des gestrigen Abends nicht zum Bayrischen Schnaderlhüpferabend gehen. Heute früh meldet das Radio dann auch die ersten Toten (16 bei einem Hubschrauberabsturz). Müssen erst wieder – wie im Vietnamkrieg – die Zinksärge mit heimkehrenden gefallenen US-Soldaten die USA-Bürger von ihrem patriotischen Wahn ernüchtern?

Gedanken an Leningrad

01. Juni 2003

Am Abend sitze ich etwas traurig auf unserer Terrasse mitten in der Stadt Halle. Etwa 1500 km weiter östlich feiert meine zweite Heimatstadt ihr 300-jähriges Bestehen. Regierungschefs oder Präsidenten, darunter alle die, die Macht in dieser Welt haben, treffen sich in St. Petersburg. Ob Putins Kalkül aufgeht, damit auch ein Weltfriedenstreffen zu inszenieren, wird erst die Zukunft zeigen. Ich bin aus mehreren Gründen traurig.
Ich hätte in St. Petersburg dabei sein können, nicht gerade beim Treffen der Staatschefs, nicht einmal heute in der Stadt

selbst. Wäre ich der Einladung meines Freundes Vitali gefolgt, säßen wir heute auch nur in seiner Datsche, 200 Kilometer nördlich von der Stadt, hätten uns der Mücken zu erwehren. Mein Versuch, ihn heute telefonisch zu erreichen, scheiterte; sie sind eben auf der Datsche, wie sie mir bei der Einladung schon sagten. Verständlich, den Rummel als Zaungast oder Normalbürger am Straßenrand des Newskiprospektes zu erleben, stimuliert uns nicht. Trotzdem bin ich traurig. Es ist auch meine Stadt, zumindest meine Studentenstadt. Vielleicht hätte ich doch fahren sollen?

Traurig bin ich auch über das „Wie" der Gestaltung dieses Jubiläums. Freilich erlebte ich nur vier der 300 Jahre dieser Stadt, noch dazu als sie Leningrad hieß, erst wenige Jahre zuvor die 900 Tage währenden Blockade der deutschen Faschisten mit unvorstellbaren Opfern, mit Hunger, Erfrierungen, Artillerie- und Bombenangriffen überstanden hatte. Und mich nahmen diese Menschen herzlich auf, nicht fragend und nicht richtend nach dem Anteil auch meiner Verwandten bei diesem bösen Spiel. Später nannte ich wie sie oft diese Stadt liebevoll „Pieter". Mag Lenins Projekt der Weltverbesserung auch gescheitert sein, gar falsche Ansätze gehabt haben, aber ein Teil der 300-jährigen Geschichte dieser Stadt haben doch wohl die Petrograder Matrosen, die Arbeiter der Putilowwerke geschrieben, auch die Einwohner, die der Einkesselung standhielten. Darüber wird dem heutigen Zeitgenossen des Jubiläums wenig gesagt. Über die Fernsehschirme flimmern die Prachtbauten aus der Zarenzeit mit den hübschen Gewändern im Zarenlook. Zu meiner Studentenzeit waren die Mädels nicht weniger hübsch, allerdings in Rumentki und Galoschi. Damals hatten Lehrerinnen auch in den Schulen zu tun, mussten sich nicht wie ich es neulich im Fernsehen sah, das Geld mit Striptease verdienen. Vergisst man ganz, daran zu erinnern, dass nach dem verheerenden Krieg (sie nannten ihn den Vaterländischen), neben den Architekten, Künstlern und Ingenieuren vor allem Arbeiter, Bauern, jawohl auch Kriegsgefangene und Gefangene aus den Straflagern die architektonischen Kleinode aus der Zarenzeit rekonstruiert, gepflegt, der gesamten Weltöffentlichkeit zugänglich gemacht hatten? Ähnliche Empfindungen hatte ich auch beim Besuch der Anlagen in Versailles. Geschaffen haben doch wohl alle Prachtbauten des Weltkulturerbes die einfachen Menschen, Sklaven, Handwerker, Arbeiter, jawohl auch Gefangene.

Gott und Geld

11. Oktober 2003

Die Menschen erfanden Götter, schließlich einen, für all die Dinge, die sie sich selbst nicht erklären konnten. ER konnte ja für alles Ungemach verantwortlich gemacht werden. Dann erfanden sie auch das Geld und wie sie Gott das überließen, was sie selbst nicht glaubten ändern zu können, überlassen sie jetzt dem Geld alles, unterwerfen sich seiner Allmacht wie die Urmenschen sich ihren Göttern unterwarfen.

Aus der Begrüßung zum Treffen der ABF II[4]

Oktober 2004

... Gestatten Sie ein Wort zum Motiv für unser Treffen: Eine Seminargruppe, eine Schulklasse oder eine Sportgruppe – so sie denn etwas auf sich hält – macht Wiedersehenstreffen, einfach, um sich zu sehen, mit denen zu sprechen, mit denen man einst die Schulbank drückte. Wir gehören zu denen, die etwas auf sich halten, umso mehr, weil wir einmal

---

[4] *Institut zur Vorbreitung auf ein Auslandsstudium.*

davon überzeugt waren, beim Verändern der Welt einen beachtlichen Beitrag zu leisten.

Mit dem Verändern der Welt hat das nicht so geklappt wie wir wollten, genauer gesagt, die Welt änderte sich auch ohne oder trotz unseres Zutuns, nur eben anders. Nach 37 Jahren engagierter Tätigkeit hat man unsere Einrichtung geschlossen.

Das ändert aber nichts daran, dass unser Tun an dieser besonderen Bildungseinrichtung ABF II im Sozialismusversuch der DDR unser Lebensinhalt war, ein Stück unserer Biographie. Bei aller kritischen Bewertung dessen, was wir aus heutiger Sicht falsch machten, brauchen wir uns unserer jugendlichen Träume und unseres pädagogischen Wirkens mit jungen Menschen, die für ein Auslandsstudium vorbereitet wurden, nicht zu schämen.

Möge man uns heute auch als „Räder im Getriebe des Kommandosozialismus" bezeichnen, in unserem Tun an der ABF II haben wir Erfahrungen sammeln können und pädagogisch interessante Wege beschritten, die in heutigen Bildungsdiskussionen durchaus Beachtung verdient hätten.

Deshalb wollen wir – wie bei allen Wiedersehenstreffen – uns an gemeinsam verbrachte Zeiten erinnern, miteinander sprechen, aber auch nach Möglichkeiten suchen, unsere Erfahrungen nicht zu verschweigen ...

Aus Briefen an Klaus Sch. in Karlsruhe

15. Oktober 2004

... Zwischen unseren Biographien liegen Welten, auch zwischen unserem persönlich Erlebten. Deshalb kann es wohl auch kaum zu einem politischen Übereinstimmen kommen. Nun leben wir aber schon 14 Jahre in einem „einig Vaterland", da müssen wir uns auch mit unseren unterschiedli-

chen Biographien gegenseitig ertragen. Mit unserem Altbundespräsidenten Herzog bin ich einverstanden, wenn er sinngemäß sagt, um wieder ein Volk zu werden, müssen wir uns schon unsere Biographien erzählen ...
... Ich stimme mit Ihnen überein, dass für unsere Jahrgänge (etwa die zwischen 1927 und 1936 Geborenen) nach dem 2. Weltkrieg und der Nazizeit große Gemeinsamkeiten in Ost und West bestanden und wir erst später auseinander drifteten. Aber dies „Auseinanderdriften" sehen wir in Ost und West schon nicht mehr gleich. Besonders unsere Jahrgänge wollten in Ost wie in West etwas Neues, vor allem nie wieder Krieg. Das waren unsere Lehren aus der Geschichte. Und dazu standen wir miteinander im Gespräch, noch weit bis in die Zeit des kalten Krieges hinein. Dass wir nicht im Gespräch blieben, ist historische Schuld beider Seiten. Ich verwahre mich gegen die Vereinfachung der jetzigen Geschichtsschreibung, die Entwicklung nach dem 2. Weltkrieg so zu sehen, dass die eine Seite Freiheit und Demokratie beschritt, die andere nur die Diktatur wechselte. Genauso stimmt die Geschichtsschreibung der DDR-Seite auch nicht, wenn sie vereinfacht die Sache darstellte, als würden bei uns revolutionäre Veränderungen zum Wohle des Volkes der zurück gebliebenen Herrschaft des Monopolkapitals im Westen gegenüber stehen. Dass an beiden Auffassungen auch etwas Wahres ist, will ich nicht leugnen. Bei Ihnen entstand eine föderative Bundesrepublik in Fortsetzung der Weimarer Republik, bei uns bekannten wir uns zum Arbeiter- und Bauernstaat. Beide Seiten haben die Niederlage des Deutschen Reiches nicht nutzen können zur Schaffung eines einheitlichen, friedliebenden, demokratischen Deutschlands. Adenauer wollte schließlich „lieber das halbe Deutschland ganz" und unsere Seite gab sich dann auch – Monate später – mit der Gründung der DDR auf dem Territorium der sowjetischen Besatzungszone zufrieden. Unterschiedliche Besatzungsmächte ließen eine freie deutsche Ent-

scheidung auch gar nicht zu. Aber das betrifft auch wieder beide Seiten.

Kurz: Das Auseinanderdriften und die Teilung Deutschlands sind geschuldet der Konfrontation der Großmächte, deren Armeen sich auf deutschem Territorium befanden. Dorthin kamen sie aber infolge der größenwahnsinnigen Welteroberungspolitik Hitlerdeutschlands, vom Finanzkapital finanziert und leider von breiten Kreisen des deutschen Volkes mitgetragen.

Zur ABF [5] und Bildungspolitik

Für mich als Arbeiterjungen hat sich das Tor zum Wissen an der ABF eröffnet, wie übrigens für Tausende von Arbeiter- und Bauernkindern, aber auch besonders in unseren ersten Jahrgängen vielen aus der Kriegsgefangenschaft heimgekehrten, auch jungen Männer, deren Schulbildung durch den Krieg abgebrochen war. Es ist historisches Verdienst der ABF, das damalige Bildungsmonopol der Bourgeoisie gebrochen zu haben. Im Sonntagsgespräch versuchte ich ja zu zeigen, dass ich mich z.B. mit Prof. Ernst Bloch, Tübingen, in guter Gesellschaft befinde. Ich verstehe Ihren Hinweis nicht, meinen Enkeln auch zu erklären, wer dort aufgenommen wurde, das sagt doch der Name schon. Hinter ihrer Frage steckt wohl mehr die Meinung, dass Kindern anderer sozialer Herkunft die Aufnahme verweigert wurde. Natürlich, für sie gab es doch den normalen Weg über Oberschulen und den Erweiterten Oberschulen, die man Ihren Gymnasien gleichsetzen müsste. Auf diesem Wege gelangte natürlich nach wie vor der größere Teil zur Hochschulausbildung. Mit den ABF veränderten wir nur in kurzer Zeit die Proportionen zwischen den Schichten unterschiedlicher sozialer Herkunft an den Universitäten und Hochschulen zugunsten der „bildungsfernen

---

[5] *An Arbeiter- und Bauernfakultäten konnten Arbeiter und Bauern im Erwachsenenalter das Abitur erwerben.*

Schichten", wie Sie es formulieren würden. Nachdem die soziale Zusammensetzung an den Universitäten in etwa den Bevölkerungsschichten entsprach, hatten die ABF ihre historische Aufgabe erfüllt. Sie wurden geschlossen.
Leider muss man heute konstatieren, dass wiederum ein Bildungsmonopol, jetzt der Besserverdienenden, besteht.
Beweis: Laut Statistik hat ein Student im Bundesdurchschnitt 767 Euro im Monat zur Verfügung. Über die Hälfte des Geldes stammt aus dem Elternhaus, nur 13% kommen aus dem Bafög-Amt, 27 % kommen aus einem Nebenjob. Folge: Es studieren vorwiegend die Kinder der Besserverdienenden. Man kann es auch anders sagen:

> *„Alle, die das Geld dazu haben, dürfen ihre Kinder studieren lassen, und keiner, der den Eintritt zu zahlen vermag, bleibt vom Hochschulstudium ausgesperrt. Natürlicher geht Auslese gar nicht."*
>
> (Hermann Kant, 1999)

An dieser Verallgemeinerung ändert sich auch nichts, wenn „Glücksfälle" wie bei Gottlieb Fichte der aufgeklärte Gutsherr, bei Immanuel Kant die protestantische Kirche, bei Gerhard Schröder die Friedrich-Ebert-Stiftung oder bei Klaus Sch. der Staat, ein Studium auch für Kinder ohne reiche Eltern ermöglichten.
Nach meiner Meinung wiegt diese himmelschreiende heute noch oder für uns wieder bestehende Ungerechtigkeit vielfach die Ungerechtigkeiten auf, die in der DDR Kindern aus bürgerlichen Elternhäusern den Weg zur Universität erst über Umwege finden ließ.

Zu den Ereignissen um den 17. Juni 1953
Es fällt mir wirklich schwerer als anderen, diese Ereignisse richtig einzuordnen. Persönlich empfand ich zu dieser Zeit

ein Mitgefühl meiner sowjetischen Kommilitonen, auch meiner Lehrer. Ich hatte gerade ein Examen abzulegen und wurde vom prüfenden Professor gefragt, ob ich Kontakt mit meinen Eltern hätte, ob sie wohlauf seien, es herrsche ja wieder Kriegsrecht in der DDR. Ein Telefonat mit dem Elternhaus beruhigte mich. Gründlich mit der Frage „was wirklich passierte", setzte ich mich erst im vergangenen Jahr, dem 50. Jahrestag, auseinander, las viel Literatur, besuchte Seminare und sprach mit Zeitzeugen, darunter allerdings auch solchen, die diese Zeit in verantwortungsvoller Funktion miterlebten, den aufgebrachten Massen gegenüberstanden. Meine heutige Erkenntnis stimmt weder mit der üblichen Einschätzung „Arbeiteraufstand", noch mit der „von außen gelenkten faschistischen Provokation" überein. Dazu hab ich inzwischen mit zu vielen gesprochen, die persönlich zugegen waren. Ich zweifle einfach die jetzige offizielle Geschichtsschreibung an. Sie ist genau so einseitig überzogen dargestellt wie die offizielle der DDR früher. Eins ist für mich klar, die Arbeiter waren wohl gegen die Normerhöhungen aber nicht für eine kapitalistische Ordnung, wie später kein Geringerer als Willy Brandt formulierte. Im Übrigen galt ja noch das Besatzungsrecht und das Aufbegehren, auch wenn es berechtigte Ursachen hatte, richtete sich gegen die militärische Besatzungsmacht. Für mich verständlich, wenn dann auch Panzer auffuhren. Eins muss ich allerdings aus heutiger Sicht bestätigen, die DDR-Führung war damals nicht in der Lage mit dieser Konfliktsituation fertig zu werden, auch nicht dazu, richtige Schlussfolgerungen für die weitere Politik zu ziehen.

Zur Massenflucht in den Westen
Auch hier teile ich nicht die jetzt vertretene Meinung, dass die angeführte Zahl, und möge sie noch so genau gezählt sein, ein demokratisches Abstimmen gegen den Sozialismus und für den Kapitalismus war. Neben echten politisch Verfolgten,

gab es viele die aus persönlichen Gründen, z. B. Trennung vom Lebenspartner, Versuche, Zahlungen an Alimenten zu umgehen u. a. die Republik verließen. Das war doch so einfach wie nirgends auf der Welt, eine S-Bahnfahrkarte in Berlin genügte. Rein wirtschaftliche Beweggründe, die heute Herr Schily bei Asylbeantragungen nicht anerkennen würde, spielten oft eine Rolle. Dabei gab es viele, die ihre moralische Pflichterfüllung als Arzt, Schwester, Seelsorger oder Lehrer gegenüber dem besseren Leben in der BRD einfach hintenan stellten. Mein Töchterchen konnte ich im ersten Lebensjahr wegen der großen Republikflucht im medizinischen Bereich und der bei ihr eingetretenen „Ernährungsstörungen" monatelang nur durch die Fensterscheibe des Krankenhauses auf dem Arm einer Schwester sehen. Vielleicht kann man da meine Abweichung von der allgemeinen Meinung ein wenig nachvollziehen. Das heißt nicht, dass ich die Toten an der Grenze zwischen beiden deutschen Staaten gut heiße. Jeder Tote ist einer zu viel gewesen. Nur *alle* waren keine „Opfer", manche liefen verblendet in ihren eigenen Tod.

Zur Wiedervereinigung Deutschlands
Überraschend kam der Zusammenbruch der DDR nicht nur für mich. Mein Eindruck ist, auch die Kohlregierung war wohl doch etwas überrascht. Heute wird immer deutlicher, dass eine Fallstudie für die Vereinigung nicht existierte, nur Übernahmestudien, die dann ja auch von der Treuhand verwirklicht wurden.
Wir haben uns nicht vereinigt, sondern wurden beigetreten. Die Möglichkeit, etwas Neues zu schaffen, wurde nicht genutzt. Selbst auf die für diesen Fall vorgesehene Schaffung einer Verfassung wurde verzichtet. Das Grundgesetz der BRD wurde uns übergestülpt. Entindustrialisierung des Ostens, Abwicklung ihrer Eliten, Zurücknahme fast aller sozialen Errungenschaften, all das ist hinreichend bekannt und hat brei-

te Kreise des Ostens sehr lange mental beschäftigt, ihren wirklichen Gewinn an der Einheit in den Hintergrund gedrängt. Heute wird den einfachen Westdeutschen bewusst, dass sie nun aber rein gar nichts von der Einheit hatten. Die vorher ausgeschlossene Steuererhöhung kam, nannte sich Solidaritätszuschlag. Ökonomisch und sozial ging es nach kurzem Feuerwerk eines wirtschaftlichen Aufschwungs bergab. In den Osten fließen Millionen und trotzdem steht er nicht auf eigenen Füßen. Die Ossis sind undankbare Jammerlappen. Mental hat der einfache Westdeutsche eine Vereinigung, die ihm etwas brachte, gar nicht erlebt.
Die Treuhand schätzte bei Aufnahme ihrer Tätigkeit das Prokopfvermögen der DDR-Bürger auf 100.000 DM. Am Ende, d. h. nach Verkauf und Privatisierung blieben 275 Milliarden DM Schulden übrig. Das gesamte Vermögen der DDR wechselte also den Besitzer, ging vorwiegend in Hände der westdeutschen Konzerne über. Otto Normalverbraucher West bekam aber rein gar nichts von dem, was man Otto Normalverbraucher Ost weggenommen hatte, im Gegenteil, er musste sogar noch die entstandenen Schulden dieses „Geschäftes" in Form höherer Steuern übernehmen.

Nur eine kurze Replik zur Gegenwart
Überhaupt nicht verstehen kann ich Ihren Optimismus, „dass der Kapitalismus in freien Gesellschaften mit gesicherten Eigentumsverhältnissen sowie offenen Märkten sehr wohl einen wesentlichen Teil der Probleme unserer Welt beseitigen kann". Nennen Sie mir doch bitte ein einziges, das er schon gelöst hätte. Ich sehe nur neue, oder Zuspitzungen der vorhandenen. Ich schreibe diese Zeilen gerade nach den Wahlen in den USA. Bin mir völlig darüber im Klaren, dass ein anderes Wahlergebnis nichts wesentlich Anderes ergeben hätte. Mir kamen beim Verfolgen der Fernsehsendungen zur Wahl nur zwei Fragen:

1. Wäre es nicht sinnvoller gewesen, das Geld statt für diese Mammutshow es lieber fürs US-amerikanische Gesundheitswesen auszugeben? Ich meine, es hätte für eine Zahnbehandlung der gesamten Bevölkerung gereicht.
2. Die entscheidende Alternative, die bei dieser Wahl hätte gestellt werden müssen: Die Probleme der Welt militärisch im „Kampf gegen den Terrorismus" zu lösen oder diesem die Grundlage zu entziehen, wurde gar nicht gestellt. Da waren sich beide einig. Kein Wunder, wenn 31% der Bevölkerung für Bush, 29% für Kerry und der Rest gegen beide stimmte. Nun können sie eigentlich nur eine große Koalition machen. Die Weltprobleme lösen sie so nicht.

Hat das alles überhaupt noch etwas mit Liberalisierung zu tun? Vom liberalen Ursprung her, müsste man doch eigentlich beim jetzigen Weltgendarmen USA die größte Gefahr für eine Globalisierung sehen. Oder ist selbst die Weltherrschaft des Bushclans das geringere Übel gegenüber allen möglichen Diktaturen auf der Welt, die es ja nun weiß Gott noch zuhauf gibt?

10. März 2005

... Um das vorweg zu schicken, eine Illusion, die Welt zu verändern, oder an ihrer Veränderung teilzunehmen, habe ich längst verloren. Ich kann mich trotzdem nicht daran gewöhnen, den Kopf nur zum Haarschneiden zu gebrauchen. Über die Welt und das Tagesgeschehen mache ich mir meine eigenen Gedanken. Und die sind sehr beunruhigend.

Gegenwärtig nehme ich sowohl in Deutschland und Europa, wie auch in der gesamten Welt nur Entwicklungen wahr, die uns in verheerende Katastrophen führen können.

Bleiben wir auf nationaler Ebene: Die extreme Rechte erhebt ihr Haupt, sitzt inzwischen in den Parlamenten. Nach dem Einzug in Sachsen erhält diese Partei einen nicht erwarteten Zustrom. Und die Gesellschaft diskutiert über Verbieten, Nichtverbieten, Beschneiden der bürgerlichen Rechte oder rückblickende Vergleiche zur Weimarer Republik. Für die Medien ist es ein Wahlsieg, wenn die NPD in Schleswig-Holstein keine 5% der Stimmen bekam. Ein Aufschrei, dass sie ihren Stimmenanteil immerhin fast verdoppeln konnte, erfolgt nicht. Neu ist die Nutzung der Gefühle enttäuschter DDR-Bürger für rechte Losungen. Die Antwort der politisch herrschenden Kreise ist nur das Hervorkehren der Gleichheit der Parolen von links und rechts, weniger ein Nachdenken über die Ursache der Probleme, die weiß Gott doch ihre Wurzeln in vorhandenen sozialen Missständen haben. Ich zähle Ihnen nur einmal ein paar hautnah empfundene Probleme auf, die in meinem Umkreis mental wahrgenommen werden:

- Ein Eigentum an Grund und Boden haben wir nicht mehr, wohin wir schauen, fast alles ist im Besitz westlicher Eigentümer.
- Die Mietwohnungen aller meiner Bekannten gehören Wessis.
- Die Vorgesetzten all meiner Bekannten, so sie noch in Lohn und Brot stehen, sind Wessis.
- Bund, Land und Kommunen sind bis über die Ohren verschuldet weil die großen Konzerne sich mehr und mehr vom Steuernzahlen ganz legal verabschiedet haben.
- Weitere Steuerentlastung zu fordern, übersieht, dass davon die kleinen Betriebe ja gar nicht profitieren, sie sind wohl die gewissenhaftesten Steuerzahler, müssen aber oft Konkurs anmelden, wegen versäumter Zahlungspflicht ihrer Kunden, besonders der öffentlichen Hand. Die Steuerpflicht beginnt am Tag der Rechnungsstellung, nicht bei Eingang der Zahlung, eine zusätzliche Ursache der Konkurse.

- Und sparen kann man nur beim Kürzen der Bildung und im Sozialbereich (der Stuttgarter Landtag will z. B. die Zuführung für die Abendschulen um 25 % kürzen, das heißt aber de facto Liquidierung des 2. Bildungsweges)

So, und nun haben wir kapiert, dass die hohe Arbeitslosenzahl das entscheidende Problem ist. Alle Regierungen ob schwarzgelb oder rotgrün machen die Senkung zur „Chefsache" und fahren uns doch immer tiefer in die Krise hinein. Alles bisher Praktizierte ändert nur statistische Bilanzen, schafft keine neuen Arbeitsplätze. Kann es gar nicht, weil alleiniges Kriterium des Fortschrittes der Profit ist, und der ist am größten, wenn Arbeitsplätze bei neuer Produktion verschwinden. Aus diesem Kreislauf müsste man heraus kommen. Muss denn wirtschaftlicher Fortschritt nur darin bestehen, dass die Zahl der notwendigen Arbeitskräfte sinkt? Mag das im 19. auch 20. Jh. zugetroffen haben. Wer sagt eigentlich, dass das auch im 21. Jh. noch so sein muss. Und wenn es so sein sollte, muss man doch darüber nachdenken, was man dann mit den nicht mehr benötigten Arbeitnehmern macht.

Sie als Faulenzer diskriminieren, kann ja wohl bei Millionen nicht zutreffen. Sie auf Dauer ruhig zu stellen, schaffen auch modernste Medien- und Konsumangebote nicht, denn die müssen ja schließlich auch gekauft werden können.

Dabei gäbe es doch einiges zu tun. Man sage nicht, in dieser Welt sei keine Arbeit vorhanden. Aber dafür hat die öffentliche Hand kein Geld, bekommt sie auch nicht, weil sich die großen Gewinner der Wirtschaft aus ihren Verpflichtungen für die Allgemeinheit verabschiedet haben. So beißt sich die Maus im Schwanz. Freie Wirtschaft, möglichst global, funktioniert nur, wenn dem Profitmachen keine Hindernisse im Wege stehen, das geschieht durch den geschaffenen Mehrwert der Arbeitnehmer im wesentlichen durch solchen Produktionsfortschritt, der Arbeitskräfte freisetzt. Damit vergrößert sich der nicht mehr benötigte „Abfall" der Arbeitskräfte, fällt dem Staat zur Last, muss ruhig gestellt werden. Man könnte ihm ja Arbeit geben, dafür hat der Staat aber kein Geld, weil es ihm die besitzende Klasse, wohlgemerkt die wirklich besitzende Klasse, durch Steuerhinterziehung, Verlagerung der Produktion ins Ausland und eigentliche Machtausübung in der Gesetzgebung einfach nicht gibt. Das ist genau genommen Verfassungsbruch. Im Grundgesetz wird doch davon gesprochen, dass Eigentum verpflichtet, zumindest heißt das doch, dass es der Gemeinschaft nicht schaden darf.

Sagen Sie bitte nicht, ich rüttle mit solchen Auffassungen an liberale Freiheiten. Mein Freiheitsbegriff rührt noch aus der Aufklärung her. Ich vermag aber von all dem, was jetzt so in der Welt geschieht, auch rein gar nichts in die Kategorie liberal einzustufen. Neoliberalismus mag vielleicht für Konzerne die richtige Wortwahl sein, für die Menschen ist er eine Katastrophe, sowohl für die Menschen in der „Dritten Welt", wie auch für uns.

Was gegenwärtig in Deutschland geschieht, erinnert nicht mehr an soziale Marktwirtschaft, eher an die Zeit der Raubritter, auch wenn diese nicht mit Feuer und Schwert, sondern mit eigens dafür geschaffenen Gesetzen das Volk über den Tisch ziehen. Aktuellstes Beispiel: Das Volk zahlt brav hohe Krankenkassenbeiträge, seit vorigem Jahr zusätzlich 10 Euro im Quartal Praxisgebühr. Die Vorstandsbosse erhöhen in derselben Zeit ihre Gehälter, die ohnehin das 10- bis 100-fache meiner Rente betragen, sagen frech in die Kamera auf die entsprechende Frage, „Jawohl, ich bin soviel wert, verdiene das" (gestern im zweiten Fernsehprogramm). Einem Christen oder einem Liberalen im Sinne der Aufklärung muss es doch dabei übel werden.

Entschuldigen Sie bitte meine Schärfe, wir wollen doch aber nicht an einander vorbeireden. Ich bin einfach nur sehr pessimistisch, wenn ich in die Zukunft schaue. Dabei kann man mir wirklich nicht vorwerfen, dass ich meine Hände in den

Schoß lege, engagiere mich im Verein, auch im Gartenverein, ehrenamtlich, versteht sich, kann nicht mal meine Aufwendungen abrechnen, auch meinen Mitstreitern nicht erstatten. Bei der Stange hält mich eigentlich nur die Erkenntnis, wenn ich einfacher Mensch schon manches sehe, wie es in die verkehrte Richtung läuft, müssten doch Zuständige, Verantwortung Tragende das auch können ...

Gedanken zum Internationalen Frauentag

März 2005

Seit 1952, also seit nunmehr 53 Jahren, vergesse ich den Frauentag nicht mehr, bin dem auch in Wendezeiten und danach treu geblieben. Wir waren erst wenige Monate zuvor als erste Studenten der DDR zu einem Auslandsstudium in die Sowjetunion delegiert. Mich hatte es kurz vor Weihnachten nach Leningrad verschlagen. Unsere Russischkenntnisse waren bescheiden. Das Lehrbuch „Steinitz" hatten wir nicht geschafft. Auf meinem Abiturzeugnis prangte für Russisch eine satte drei, nebenbei bemerkt eine von den beiden einzigen. In allen anderen Fächern hatte ich bessere Noten.

Natalja Wladimirowna, eine rüstige, mitten im Leben stehende Dame, bemühte sich, uns Grundlagen in unseren Sprachschatz und die Phonetik zu bringen. Wir waren 3 Studenten aus der DDR in einer Minigruppe. Einen geeigneten Unterrichtsraum suchte sie sich jedes Mal erst in mühevoller Kleinarbeit. Die Seminarräume waren meist ausgebucht. Oft fand der Unterricht auch in ihrer Wohnung bei Tee und Piroggen statt. Wohnung, das muss man wissen, war ein Zimmer gemeinsam mit ihrer Mutter in einer „Kommunalka", d. h. in einer größeren Wohnung mit mehreren Mietparteien und einer Gemeinschaftsküche. Wir hatten bald ein freundschaftliches Verhältnis gefunden, lernten so nicht nur schneller sprechen und verstehen, sondern erfuhren auch etwas von der Backkunst ihrer Mutter.

Am 8. März 1952 rief Natalja Wladimirowna uns wieder einmal in ihre Wohnung zum Russischunterricht. Ehrlich, wir wussten damals wenig über den 8. März. Bei uns in der DDR spielte er noch nicht die Rolle wie in späteren Jahren. Wir kamen also ohne Blumen, nichts ahnend in ihre gemütliche Stube. Unsere fehlende Aufmerksamkeit schluckte sie offensichtlich weltmännisch in sich hinein. Dann fragte sie aber doch, ob wir denn unseren Müttern schon einen Glückwunsch geschickt hätten. Wir sahen uns betroffen an, kapierten wohl auch nur langsam: warum wohl? Kurz, der Unterricht endete bevor er begann. Wir bekamen Order, zum Telegrafenamt zu gehen, unseren Müttern zum Frauentag zu gratulieren. „U nas eto tak", „Bei uns ist das halt so". Wir taten, wie uns geheißen, obwohl ich leise Befürchtungen hegte, dass mein Telegramm bei unserer Mutter zunächst wohl mehr einen Schreck als pure Freude auslösen würde. Briefe gingen damals 2–3 Wochen und zu telefonieren bzw. zu telegrafieren lernten wir erst. Das war auch gar nicht so einfach, nur von einem Postamt der Stadt aus möglich, die Telegramme mit großen lateinischen Buchstaben gemalt, mehrmals von der Schalterbeamtin rückgefragt bzw. korrigiert und dann verstümmelt gesendet.

Seit 1952 achte ich darauf, den Internationalen Frauentag nicht zu vergessen. Er hat bei mir die Rangordnung wie ein persönlicher Feiertag der nächsten Angehörigen.

Ich ließ von dieser Tradition nicht ab, nicht als es in der DDR üblich wurde, einmal im Jahr die Männer mit weißen Schürzchen Kaffee servieren zu lassen – ich achtete gleich ob als Gewerkschaftsfunktionär oder staatlicher Leiter darauf, dass die Frauentagsveranstaltungen ansprechend und niveauvoll verliefen, nicht in Wendezeiten und auch nicht danach, als der Frauentag zunächst fast vergessen wurde, bevor er nunmehr zu marktwirtschaftlichen Ehren kam, als Drillingsschwester mit Valentinstag und Muttertag im Bunde. Ich meine, er sollte ein Tag zum Nachdenken bleiben. Clara Zetkin hatte doch Gründe, den in den USA praktizierten Frauenkampftag als Anregung für einen Internationalen Frauentag zu nutzen. Die damaligen Probleme sind heute keineswegs gelöst. Manches läuft wohl eher in die falsche Richtung.

Dort wo man uns beibrachte, über den Tag nachzudenken, wird er heute z. B. als Tag des Frühlings begangen. Meine E-Mails erregen Erstaunen, fast wie damals das Telegramm bei meiner Mutter, und dort ist er doch immerhin ein arbeitsfreier Feiertag.

Aus einem Brief an Hartmut K. in Karlsruhe

25. April 2005

... Ich muss meinen Brief mit einer Entschuldigung für die späte Beantwortung beginnen ... Der Senioren-Kreativ-Verein, dessen Vorsitzender ich seit Sommer vergangenen Jahres bin, braucht meine ganze Kraft. Noch sind wir nicht über den Berg, besonders nicht kontinuierlich finanziell gesichert. Für die Leitung eines „Unternehmens" unter marktwirtschaftlichen Bedingungen bin ich nicht ausgebildet, müsste es aber sein. Ein Verein ist eigentlich nichts anderes als ein Unternehmen, auch wenn er als gemeinnütziger keinen Profit erwirtschaftet, kostendeckend muss er bei Strafe des Untergangs schon arbeiten ...

... Ich bin der Meinung, dass unsere Biographien so unterschiedlich sind wie auch die politischen Standpunkte, dass man damit schwer Brücken bauen kann. Trotzdem sollten wir sie uns erzählen und auch tolerieren. Eine Rechtfertigung liegt mir fern. Ich möchte mich aber nicht bis an mein

Lebensende dafür entschuldigen müssen, in der DDR gelebt zu haben.

... Über die beiden in Ihrem Brief formulierten Fragen[6] traue ich mir sehr wohl zu, vorurteilsfrei zu diskutieren. Mehr noch: Ich bin sogar der Meinung, dass Ungleichheiten mehr Chance als Makel sein *können*. Selbst Neidkomplexe *können* positiv stimulieren. Sie wollen mir doch aber nicht einreden, dass die Ungleichheit zwischen Herrn Ackermann und einem Langzeitarbeitslosen z. B. stimulierend für die Wirtschaft und ein Naturgesetz ist. Ganz nebenbei unterschieben Sie noch den bisherigen Sozialismusversuchen, (Marx, Engels & Co) eine angeblich angestrebte Gleichmacherei, die es weder in der Theorie noch in der Praxis gegeben hat. Richtig allerdings ist, dass wir in der DDR über unsere Verhältnisse gelebt haben, mehr verteilt haben als erwirtschaftet wurde. Von diesem Fehler war auch die BRD nicht frei. Nur ihre Ressourcen waren größer. An fehlenden Ungleichheiten oder auch „Neidkomplexen" ist die DDR nicht zu Grunde gegangen. Ungleichheiten wird es immer geben. Nehmen sie allerdings Dimensionen an, die Menschenrechte grob verletzten, werden sie kontraproduktiv.

Auch das wirtschaftliche Risiko lässt sich aus der Marktwirtschaft sicher nicht eliminieren, obwohl mit der Größe der Konzerne zunehmend minimiert, oft auch das Risiko auf den Staat abgewälzt wird. Ob es deshalb gleich zum Freiheitsbegriff gehört, wage ich zu bezweifeln. Meines Erachtens kollidiert ja gerade die gegenwärtige entfesselte kapitalistische Globalisierung mit dem liberalen Freiheitsbegriff der Aufklärung ...

---

[6] *Wie kommen wir dahin, dass ohne Neidkomplexe gewisse Ungleichheiten nicht als Makel, sondern als Chance begriffen werden? Wann erkennen wir, dass wirtschaftliches Risiko zum Freiheitsbegriff gehört?*

Perlon und Parolen

April 2005

Als mir Christine Schön vorschlug, dass unser Senioren-Kreativ-Verein als Kooperationspartner am soziokulturellen Austauschprojekt „Perlon und Parolen" mitwirken möge und sie mir das Vorhaben erklärte, stutzte ich zunächst. In der Tat, „Perlon und Parolen" als Überschrift eines West-Ost-Projektes, das suggeriert doch geradezu: Perlon steht für den Westen, Parolen steht für den Osten. Kann doch nur ein Wessi erfunden haben, war mein erster Gedanke. Ich erklärte trotzdem meine Bereitschaft, diskutierte aber gleich bei der ersten Zusammenkunft mit den Erfindern. Es waren natürlich Wessis. Inzwischen arbeiten wir gemeinsam, trafen uns ein paar Mal und haben uns darauf verständigt, dass es Parolen auch im Westen gab und Perlon auch im Osten. Genauer gesagt wurde die Chemiefaser in den dreißiger Jahren sogar hier erfunden und kam dann nach dem Krieg über das amerikanische Nylon nach Europa zurück, als Perlon in die westdeutschen, aus patentrechtlichen Gründen mit dem Namen Dederon auch in die Geschäfte unserer Landstriche, wenn wir auch zugeben müssen, dass der größere Teil der DDR-Strumpfproduktion nicht an die Beine unserer Damen gelangte, sondern Devisen einbrachte.

Meine Zusage zum Mitwirken bereue ich nicht. Mitglieder unseres Vereins beteiligten sich aktiv an den Workshops und anderen Zusammenkünften beider Partnerstädte, reichen Beiträge und Materialien aus den fünfziger Jahren ein. Es kommt sicher zu einer interessanten Geschichtsaufarbeitung. Wünschen wir uns Erfolg und mehr Publizität.

Gedanken während einer Kur im polnischen Isergebirge

April 2005

Hier, in Schlesien kommt mir das Lied in den Sinn „Kehr ich einst zur Heimat wieder, früh am Morgen wenn die Sonn' aufgeht ...". Dies Lied gehörte zum Grundbestand des Volksliederschatzes meiner Mutter. Wir sangen es in der Kindheit mit Inbrunst, auch im Deutschen Jungvolk. Dabei hatten wir zu Schlesien überhaupt keine Beziehungen, wussten aus dem Geschichtsunterricht nur, dass dort drei Kriege getobt hatten, nach denen das Land von Maria Theresia an Friedrich den Großen und damit von Österreich-Ungarn an Preußen fiel. Ich konnte als Junge auch verstehen, dass das Lied von Soldaten, die aus Schlesien stammten, bewegt gesungen wurde, gleich ob sie in Frankreich oder Russland marschierten.

Dann kam alles ganz anders. Die großdeutschen Armeen wurden in ihre Ausgangsstellungen zurückgetrieben. Schlesien fiel wie oft in seiner Geschichte wieder an eine andere Macht.

Kelten aus Böhmen und Mähren hatten es im 4. Jh. vor unserer Ztr. besiedelt; germanische Wandalenstämme fielen um 100 v. der Ztr. von Norden ein, der germanische Stamm Silinger gab den Namen. Ab 6. Jahrhundert besiedelten slawische Stämme das Gebiet und im 10. Jahrhundert eroberte es der polnische Staatsgründer Mieszko, der mit seinem gesamten polnischen Reich zur römisch-katholischen Kirche übertrat. Danach gehörte es reihum zu allen Anrainerstaaten der Region: zu Polen, Böhmen, Ungarn, Habsburg, Preußen, Deutschland. Alle Völker hinterließen Spuren, die das Land heute noch interessant machen.

Der Machtwechsel 1945 war mehr als die früheren mit einer ethnischen Säuberung verbunden. Bis auf wenige Dörfer um Oppeln wurde die deutsche Zunge aus Schlesien verbannt, die Deutschen vertrieben. Damit wurde zweifelsohne gegen Men-

schenrechte verstoßen. Diese „Umsiedlung" wurde von den Siegermächten veranlasst, und zwar von allen drei. Fakt ist aber auch, dass Deutschland vorher vielfach gegen Völker- und Menschenrecht verstoßen hatte, besonders in Osteuropa. Die ersten Polen, die ich als kleiner Junge während des Krieges kennen lernte, hießen Anton und Jan. Sie trugen ein gelbes Quadrat mit einem 'P' auf ihre Jacke genäht, arbeiteten beim Bauern, der uns gegenüber wohnte. Sie mussten an einem gesonderten Tisch ihre Mahlzeit einnehmen, bei anderen Bauern sogar in einem anderen Raum. Von „heim ins Reich gekehrten" Deutschen aus Bessarabien erfuhr ich erst vor kurzem, dass die Betten in ihnen im 1. Kriegsjahr zugewiesenen polnischen Häusern noch warm waren. Das kehrte sich dann 1945/46 um. Jetzt mussten Deutsche ihr Hab und Gut im Stich lassen. Nur wenige Stunden blieb ihnen Zeit, das mitzunehmen, was Rucksack, Koffer oder ein Kinderwagen fassen konnte. Die Vertreibung war eine gründliche. Sogar die Nachkommen der 400 Tiroler Protestanten, die einst zu Fuß aus Österreich hier ankamen, wegen ihres Glaubens vertrieben, die unter dem Preußenkönig siedeln durften, wurden nicht verschont. Ihre deutsche Sprache stufte sie anders als in manchen Kriegsgefangenenlagern als zum Deutschen Reich gehörig ein. Auch sie wurden vertrieben. Nur noch schmucke Tiroler Häuschen zeugen heute von ihrer einstigen Anwesenheit.
Für mich war verständlich, dass das oben erwähnte Volkslied nach 1945 eine ganz andere Bedeutung erhielt. Es musste revisionistisch erscheinen. Und es war von den schlesischen Landsmannschaften auch so gemeint. In der DDR wurde es nicht mehr gesungen. Dort bekamen die „Umsiedler" aus Ostpreußen, Schlesien und Pommern Neubauernland durch die Bodenreform, erhielten, wenn auch oft qualvoll, eine neue Heimat. In Westdeutschland verlief der Prozess des Wurzelschlagens weit langsamer. Eine Versöhnung des polnischen mit dem deutschen Volk wird von der jetzigen Geschichtsschreibung mit dem Brief des Breslauer Kardinals Boleslaw Kominek an seine deutschen Amts-

brüder (1965), dem Kniefall Willy Brandts vor dem Warschauer Gettodenkmal (1970), der Aufnahme diplomatischer Beziehungen BRD zur VR Polen (1972) und schließlich der Anerkennung der Oder-Neiße-Grenze 1990 !!! datiert. Hatte nicht Ministerpräsident Otto Grotewohl schon viel früher, nämlich 1950, die Anerkennung der Oder-Neiße-Grenze unterzeichnet? Hatten wir nicht jahrzehntelang gemeinsame deutsch-polnische Kinderferienlager, Urlauberaustausch, Städtepartnerschaften und Universitätsverträge? War es nicht u. a. die Adam-Mickiewicz-Universität in Poznan, die den Professoren der Martin-Luther-Universität Halle-Wittenberg den Zugang zu wissenschaftlichen Konferenzen im Ausland ermöglichte, als die Ausreisen unserer Wissenschaftler wenige Jahre nach dem schrecklichen Krieg zu solchen Konferenzen noch eines Stempels vom Travel-Board-Büro der westlichen Alliierten in Westberlin bedurfte?

Was kann man heute im Jahr 2005 von den kulturellen und historischen Prägungen erfahren, die hier einst wohnende Deutsche hinterlassen haben? Das folgende bezieht sich natürlich nur auf das hier in und um Bad Flinsberg Gesehene und das noch nebenbei während einer kurzen Kur.
Evangelische Kirchen sieht man, wenn sie nicht abgerissen oder von der anderen Konfession übernommen wurden, nur noch als Ruinen. Die katholischen sind renoviert und reich ausgestattet. Auf den Friedhöfen erinnern keine Grabsteine daran, dass hier auch Deutsche ihre Ruhe fanden auch auf deutschen Friedhöfen werden die Gräber nach 25 Jahren eingeebnet.
Die Schlösser und Burgen sind in heruntergekommenen Zustand, wenn nicht junge enthusiastische Polen sich ihrer annehmen und mit Gespür für touristischen Geschäftssinn und viel Arbeit sie rekonstruieren, manchmal in Partnerschaft mit Nachkommen der ehemaligen Besitzer. Die vielen Landschaftsgärten, darunter die von Lennè angelegten, sind für

Fachleute laut Reiseleiter noch als solche zu erkennen, in gepflegtem Zustand sind sie nicht. Wir sehen viele leerstehende Häuser und verlassene Fabrikanlagen. Auf dem seit Jahren stillgelegtem Gleisbett, auf dem einst Eisenbahnzüge Kurgäste direkt von Berlin bis Bad Flinsberg brachten, wuchern heute Wildkräuter. Neue Hotels, rekonstruierte Gaststätten und hübsche Anwesen der Neureichen können den Gesamteindruck nicht übertönen. Bei 20 % Arbeitslosen ähnelt die Landschaft den ehemaligen Industrieregionen in den neuen deutschen Bundesländern. Es gibt hier noch eine Glashütte, wenig Holzindustrie und bescheidene Landwirtschaft. Hauptbeschäftigungszweig wird mehr und mehr der Tourismus und Kurbetrieb. Übrigens sind 90 % der ausländischen Gäste Deutsche, im Kurbetrieb vorwiegend aus den neuen, als Touristen vorwiegend aus den alten Bundesländern. Die Kuren sind billiger als in Bayern und viele Westdeutsche zieht es in die Heimat ihrer Vorfahren. So ist mein Eindruck von diesem eigentlich traditionsreichen Kurort Bad Flinsberg im Isergebirge: Industrie und Handwerk stark zurückgegangen, der Handel von ausländischen Handelsketten dominiert, die Bewohner mit wenig Geschichtsbewusstsein zur Region, deshalb wohl auch nach wie vor reserviert zu den Deutschen.

Ich versuchte, tiefer in die Probleme einzudringen, setzte mich zweimal in die Ortsbibliothek, ins dortige Heimatzimmer, studierte eine Chronik aus dem 19. Jahrhundert, auch die eines 1994 gegründeten Vereins, der „Gesellschaft der Freunde Swieradów Zdrójs, früher Flinsberg". Da fand ich hochlöbliche Initiativen, die sich aber schwer tun. Vor allem öffentlich wirksam werden sie bisher wenig.

Die Gesellschaft ist im polnischen Vereinsregister eingetragen. Ihre Mitgliederzahl ist gering, ich fand einmal die Zahl 26 deutsche Mitglieder, vorwiegend aus Kaarst am Rhein, Polen sind es sicher weniger.

Die Zielstellung in der Satzung ist anerkennungswert:
- Information der neuen Einwohner über die Kultur und Geschichte der hier früher lebenden Deutschen.
- Förderung und Unterstützung der Stadt als Kurort.
- Schüleraustausch und Heimattreffen.

In der Chronik der Gesellschaft findet man auch Ergebnisse aufgezählt, z. B.:
- Auf dem Friedhof wurde 1995 eine Tafel mit folgender Inschrift aufgestellt:
Selig sind die friedfertigen, denn sie werden Gottes Kinder heißen. (Matthäus 5, Vers 9)
Zum Gedenken an die Toten, die früher in Bad Flinsberg gelebt haben.
Gestiftet von der Gesellschaft der Freunde von Swierádòw Zdroj (früher Bad Flinsberg)
- Einwerbung von EU-Mitteln für die Verbesserung des Telefonnetzes.
- Aufstellen von dreisprachigen Informationstafeln zur Geschichte des Kurortes.
- Heimattreffen ehemaliger Flinsberger zu Jubiläen wie das der Wandelhalle im Kurhaus oder das der Heufuderbaude. Dabei gemeinsame Kulturveranstaltungen und Gottesdienste.
- Informationen zur Geschichte des Ortes in der neugegründeten polnischen Ortspresse.

Mir scheint, dass trotz Unterstützung durch die Obrigkeit (der polnische Bürgermeister ist Mitbegründer), trotz kreativen Engagements rühriger Mitglieder, auch durch die jährlich stattfindenden Treffen und dabei gelesenen Messen, keine nachhaltige Wirkung in die Ortsöffentlichkeit übergesprungen ist. Dabei würde das der Entwicklung des Kurortes nützen.

Wenn 90% der ausländischen Gäste Deutsche sind, dann müsste man sie dafür gewinnen, dass sie wieder hierher zur Kur kommen. Die medizinische Betreuung, auch die Gastronomie ist einwandfrei, aber dann hört es auch schon auf. Deutschsprachige Informationen gibt es wenig. Dass ein solcher Verein besteht, erfährt man kaum. Gerhard Hauptmanns Wohnsitz, seit kurzem Museum, erreicht man ohne Auto nicht, obwohl er nur 20 km entfernt liegt. Wir gaben uns redliche Mühe herauszubekommen, wie man mit dem Linienbus dorthin kommt. Fehlanzeige. Bei etwa 10 Busreiseangeboten während der 14 Tage ist Jagniatków, früher Agnetendorf, nicht dabei. Schilder „Hier sprechen wir deutsch" vor Hotels und Restaurants allein, reichen da nicht. Die deutschen Texte der Informationstafeln enthalten Fehler, die selbst Gymnasiasten aus Mirsk (früher Friedland) nicht machen würden. Sie treten übrigens regelmäßig bei den Treffen auch mit deutschen Gedichten und Liedern auf. Das Gymnasium hat gute Beziehungen zum Gymnasium in Seifhennersdorf. Die Informationstafel an der Quelle Kaiser Joseph II, nur wenige Kilometer von hier entfernt, ist in einem einwandfreien Deutsch.

Ich würde mir wünschen, dass Swieradów Zdrój als Kurort aufblüht; es hat dazu alle Voraussetzungen, dass die Neuswieradówer ihre deutschen Gäste als Stammgäste ihrer Kureinrichtungen empfangen, eine echte Konkurrenz für Kuraufenthalte in Bayern, Tschechien, Ungarn und der Slowakei werden, dass sie die Geschichte ihrer Region nicht versuchen umzuschreiben, sondern deren kulturellen Reichtum, geprägt von den Menschen, die hier lebten und die jetzt hier leben, mit in die EU einbringen.

Gegen Atomwaffen und Kernenergie

Oktober 2005,
im April 2006 nochmals korrigiert

In meinen „Biografischen Notizen" steht folgender im Jahr 2000 geschriebene Satz:
Ich hoffe doch, dass meine ehemaligen Studenten mir verzeihen, wenn nicht alles von mir Vertretene sich als richtig erwies. Auch ein Lehrer hat ein Recht auf Irrtum.
Als ich das schrieb, dachte ich mehr an von mir vertretene Ansichten zum Aufbau des Sozialismus in der DDR, auch vielleicht an Geschöntes aus meinen Studentenerlebnissen in der Sowjetunion.
Heute macht mir weit mehr Sorgen, dass ich meinen Studenten Kernspaltung und Kernfusion erklärte, als hätten wir Menschen das alles im Griff. Zwar müssten wir die Atombombe ächten, aber die friedliche Nutzung der Kernenergie würde doch bald all unsere Energieprobleme lösen. Bedrückend für mich ist, dass einige meiner Studenten angesehene Physiker oder Techniker wurden. Heute müsste ich ihnen sagen: lasst die Finger davon.
Auch die friedliche Nutzung der Kernenergie ist eine tickende Zeitbombe. Jährlich hinterlassen „zivile" Kernreaktoren 70 Tonnen Plutonium Abfall, das im Prinzip waffentauglich ist. Heute bin ich ganz entschieden gegen Atomwaffen *und* Kernkraftwerke. Statistische Sicherheiten vor einem Super-Gau gibt es nicht. Und einen hat die Menschheit im Frühjahr 1986 in der Ukraine schon erlebt, genauer am 26. April 1986.

Einige Fakten zur Erinnerung:
- Die freigesetzte Strahlung bei der Reaktorkatastrophe von Tschernobyl betrug das 400-fache der Atombombe von Hiroshima (allerdings nur ein hundertstel der addierten Emissionen aller oberirdischen Atomtests

der 50iger und 60iger Jahre). Wäre es nicht gelungen, die oberirdischen Atomtests zu unterbinden, wäre die Erde vielleicht schon nicht mehr bewohnbar.
- 200 000 Menschen verloren danach ihre Heimat.
- Von 800 000 „Liquidatoren", so nannte man die Einsatztruppen zur Schadensbekämpfung, starben bis 1999 50 000 an Strahlungsfolgen oder durch Suizid. Während die internationale Atomenergiebehörde die Folgen herunterspielt (nur 4000 Tote durch Tumore, 50 durch direkte Verstrahlung, die Natur hätte sich erholt), sprechen die Ärzte gegen den Atomkrieg von 9000 Toten und mit den noch zu erwartenden bis zu 22 000. 90% der Liquidatoren müssen als schwer erkrankt bezeichnet werden. Die IAEO verschweigt das Schicksal der Liquidatoren. Dabei haben wir ihnen zu danken, dass für die Welt ein größeres Unheil verhindert wurde.
- Gesundheitliche Schäden wurden nicht nur in der verseuchten Zone von 150 000 km² in Russland, Weißrussland und der Ukraine, sondern bis in den hohen Norden und in Mitteleuropa registriert. Die Samen[7] haben heute noch Probleme, ihr Rentierfleisch unterhalb der kritischen Radioaktivität zu halten.
- Der im Eiltempo bis November des Unglücksjahres gebaute Sarkophag musste schon mehrmals repariert werden. Zurzeit arbeitet man an einen zweiten 245 mal 144 Meter großen mit einer Höhe von 86 Meter, das ist die doppelte des Kölner Doms. Auf Schienen soll die Konstruktion dann über den alten Sarkophag geschoben und an den Seiten verschlossen werden. Geplanter Fertigstellungstermin ist das Jahr 2008. Voraussichtliche Kosten betragen 800 Millionen US-Dollar.

---

[7] *Volk im Norden Skandinaviens*

Es verwundert schon, wenn man ausgerechnet in Kiew die Havarie von Tschernobyl längst als „sowjetische Schlamperei" abgehakt hat. Man will dort 23 neue KKW bauen. Julia Timoschenko erzählt, wie die Ukraine mit dem „sicheren" Atomstrom die Unabhängigkeit vom russischen Gazprom erreichen kann. Leider ist das nicht die Meinung einer einzelnen hübschen Dame, vielmehr erklärte Meinung der ukrainischen Elite. In der Gesprächsrunde bei Frau Sabine Christiansen am 15. Januar 2006, (zu der Julia übrigens auch eingeladen war, aber nicht kam) fand sich nur einer, der in der Debatte über das Iranische Atomprogramm in Erinnerung rief, dass man letztlich das Wuchern der Verfügungsgewalt über Atomwaffen nur verhindern kann, wenn man das ganze Atom-Abenteuer beendet und die Anlagen schnellstmöglich abschaltet, statt neue zu bauen oder zu planen. Die Christiansenrunde schaute sich nur stumm und befremdet an. Frau Christiansen plauderte weiter.

Nein, mit „sowjetischer Schlamperei" lässt sich der Super-Gau Tschernobyl nicht abtun, und die „sicheren" anderen neuen Typen beruhigen nicht.

Ich darf an dieser Stelle Professor Hans-Peter Dürr zitieren, der jetzt in München lebt, lange Zeit Direktor des Max-Planck-Instituts für Physik und im Vorstand von Greenpeace war, bei Teller, dem Erfinder der Wasserstoffbombe und dem Vater des SDI promovierte, später bei ihm arbeitete und mit ihm sogar in einem Trio Cello spielte. Der weiß also wovon er spricht, wenn er über Kernspaltung redet.

Meistens passiert etwas, womit niemand gerechnet hat. Die Arglosen sind phantasielos. Und zynisch diejenigen, die meinen: „Nun gut, dann passiert eben mal ab und an etwas." Wenn es in meiner Nachbarschaft zu einem Super-Gau kommt, Bayern geräumt werden muss und für 20 000 Jahre unbewohnbar bleibt, sagt die übrige Welt: „So schlimm war es ja nicht." Das kann doch nicht sein!

ND 15./16.10.2005

Während ich diese Gedanken niederschreibe, sind die Medien voll mit Meldungen über Naturkatastrophen. Nur ein Beispiel: Wirbelströme in nie bekannter Zahl und nie bekanntem Ausmaß über der Karibik. „Wilma" raste mit einer Geschwindigkeit von 220 Kilometer in der Stunde auf die Küste zu und brachte über dem Urlaubsort Cancun auf der mexikanischen Halbinsel Yucatan in 24 Stunden das Dreifache der Regenmenge, die über Leipzig im ganzen Jahr niedergeht und. Hochwasser bis zum dritten Stockwerk der Gebäude.
Wer hat denn da wen im Griff? Der Mensch die Natur? Oder doch umgekehrt?
Ich bringe gern folgenden Vergleich:
Ein Käfer, der auf einem Tisch zur Kante hin krabbelt, hält inne, kehrt um. Gibt es für die Menschheit kein Signal, ausgesandt von der Wissenschaft, die ja ihr zentrales Warnsystem sein müsste? Gibt es kein *Stoppschild*?
Heute herrscht in der Wissenschaft vorrangig das Streben nach „Verfügungswissen", Wissen, das schnell zum Einsatz in der Industrie führt und schnell Maximalprofit bringt. Dabei werden die miteingehandelten Risiken ungenügend zur Kenntnis genommen. Uns sagt man, Streben nach Wissenserwerb sei nicht aufzuhalten, weil die Neugier keine Grenzen kennt. Ist eine Erkenntnis „So nicht!" etwa *keine* Erkenntnis? Und bleiben nach einer solchen Erkenntnis nicht genügend andere Möglichkeiten zur Befriedigung wissenschaftlicher Neugier? Meiner Meinung nach belügt man uns. Nicht wissenschaftliche Neugier treibt, sondern der höhere Profit.
Ein weiteres Argument gerechtfertigten, zügellosen Wissenserwerbs lautet: das Wissen diene zur Lösung der Menschheitsprobleme.
Bleiben wir bei der Energieversorgung. Natürlich sind viele bekannte Energieressourcen begrenzt, und es ist schon Aufgabe der Wissenschaft über Lösungen für die Zukunft nachzudenken. Ich stelle aber die Frage:

Besteht das Problem tatsächlich in den schwindenden Ressourcen? Zunächst gibt es doch auch Energieformen, die sich regenerieren, die nachwachsen. Muss denn der moderne Mensch wie seine Urväter, d. h. im Raubbau, mit den ihm zur Verfügung stehenden Ressourcen umgehen?
Das betrifft übrigens nicht nur die Energie. Sauberes Trinkwasser in hinreichender Menge der Menschheit zur Verfügung zu stellen, wird unsere Nachkommen sehr bald noch viel Kopfzerbrechen bereiten. Am schlimmsten wäre, sie versuchten wie bei früheren Problemen, diese durch Kriege zu lösen.

Besteht das Problem nicht vielmehr darin, dass die meisten Ressourcen auch die Energieressourcen ungleichmäßig über die Erde verteilt sind und ihr Besitz in wenigen Händen zentralisiert ist, die „Besitzenden" damit Macht über „Nichtbesitzende" haben? Revolutionen werden das Problem nicht lösen können. Bisherige Revolutionen haben jedenfalls Ungleichheiten nicht beseitigt, sie allenfalls durch andere ersetzt, Kriege noch weniger.

Ich sehe zwei ganz andere Denkansätze zu einer Lösung: Sollten wir nicht stärker als je zu vor unsere ursprüngliche Energiequelle anzapfen? Bisher nutzen wir doch über die fossilen Brennstoffe auch nur gespeicherte Sonnenenergie. Die direkte Umwandlung über Sonnenkollektoren ist bei allen Anfangserfolgen bescheiden. Stärkere direkte Nutzung der Sonnenenergie würde uns auch unabhängiger machen von den Besitzern der Ölfelder, Kohlegruben und Uranvorkommen. Die Sonne scheint auf jeden Fall gleichmäßiger auf die Erdoberfläche als Bodenschätze auf ihr verteilt sind. Natürlich gibt es auch hier Unterschiede zwischen Polarkreis und Äquator. Das Sonnenlicht kann aber nicht privatisiert werden, kann nicht mit Polizei und Armee dem Zugang der Allgemeinheit versperrt werden, wie man es bei Erdölquellen und Uranerzen mit hohen Kosten für den Steuerzahler eben kann.

Muss nicht auch die Frage gestellt werden: wie viel Energie braucht denn die Menschheit? Den gegenwärtigen Prokopfverbrauch der Industriestaaten, allen voran den der USA, allen Menschen zuzugestehen, ist nicht realistisch. Für diese Erkenntnis reicht schon das arithmetische Grundschulwissen. Nur auserwählten Völkern auf Kosten der anderen den hohen Energieverbrauch zu sichern, passt wohl auch weder zur Demokratie noch zur Garantie der allgemeinen Menschenrechte. Also gibt es nur eine andere Lösung: Unser Energieverbrauch müsste insgesamt gesenkt werden und das so, dass wir trotzdem anspruchsvoll leben können. Dafür Rahmenbedingungen zu schaffen wäre schon eine Herausforderung für Wissenschaften, Politik und Wirtschaft. Ich hätte dazu ein paar Anregungen:

Geht es eigentlich in die richtige Richtung, wenn die Entwicklung des Personenverkehrs weiterhin nur im Wachsen der PKW-Zahlen auf diesem Erdball besteht, aller Personennahverkehr in Bahn, Bus und Straßenbahn heruntergefahren wird? Muss der Güterverkehr immer stärker über die Straße erfolgen? Die Autoflotte der Welt verbraucht im Schnitt je Fahrzeug nach wie vor etwa 8,5 Liter pro 100 km. Wo bleiben die von der Autoindustrie versprochenen Verbrauchszahlen von 5 bis 6 Liter oder noch weniger?

Macht es Sinn, bei der totalen Globalisierung immer mehr Waren erst um die Erde zu transportieren, bevor sie zum Verbraucher gelangen? Der Preis vieler Waren resultiert doch mehr und mehr aus Transportkosten. Lohnkosten werden minimiert, Materialkosten gezielt gering gehalten, schon um bald wieder Nachfrage zum neuen Produkt zu haben. Wäre eine Grundversorgung mit Produkten aus der näheren Umgebung nicht sinnvoller, weniger energieaufwendig? Flugbenzin bleibt vom Steuerrausch aller Länder komischerweise verschont. Warum wohl? Weil es sich dann nicht rechnen würde, vor dem Verkauf an den Endverbraucher die meisten Waren erst einmal um den Erdball zu düsen.

Auch über die Energieverschwendung durch nahezu unbegrenzte Erhöhung der Waffenproduktion, der Kriegsvorbereitungen und Kriegsführungen gilt es nachzudenken. Bisherige Kriege haben immer nur zeitweise und für Teile der Menschheit Energieprobleme gelöst, unterm Strich den Energiebedarf aber erhöht, für die Menschheit das Energieproblem vergrößert. Ich bin nicht der Meinung, dass das ein Naturgesetz ist. Es ist Menschenwerk, nicht Gottes Werk. Ohne einen neuen Energiepfad zu gehen, der mit dezentraler Versorgung die Machtverteilung im Energiebereich ändert, drohen weitere Kriege um Ressourcen. Umkehrschluss: Gelänge es das zu vermeiden, würden sich die Möglichkeiten des Weltfriedens drastisch erhöhen.

Der Energieverbrauch der Welt ist im letzten Jahr um 3,4 % gestiegen. 80 % der Steigerung entfallen auf den erhöhten Energieverbrauch Chinas. Das ist natürlich schlimm. Der Energiehunger der „Schwellenländer" (Indien, Brasilien, Iran) ist groß. Wie geht die Welt damit um? So einfach, die Länder in gute und böse zu teilen, mit den einen Wirtschaftsverträge zum Aufbau einer Atomenergieindustrie abzuschließen und den anderen mit einem Atomschlag zu drohen, ist wohl doch zu primitiv. Wissenschaftliche Neugier kann sicher noch viel mehr, auch ganz andere Fragen aufwerfen, deren Beantwortung helfen könnte, die notwendige Energie für den Bestand der Menschheit zu sichern. Mit der Kernenergie geht es jedenfalls nicht. *Finger davon!* Da die Lebensdauer eines KKW nur ein halbes Jahrhundert beträgt, bräuchten wir nur keine neuen mehr zu bauen, und für unsere Urenkel wäre das Abenteuer Kernkraftwerke schon Geschichte.

Erinnerungen und Beobachtungen

Februar 2006

Kuraufenthalt an der polnischen Ostseeküste, in einem richtigen Winter – wochenlang sind die Temperaturen unter dem Gefrierpunkt, es gibt eine geschlossene Schneedecke und immer wieder Neuschnee, die Ostsee ist fast einen Kilometer zugefroren – das weckt Erinnerungen an die Winter der letzten Kriegs- und ersten Nachkriegsjahre. Dabei muss ich betonen: die schlimmen Dinge jener Zeit gingen an mir vorüber, sowohl Bombennächte wie Vertreibungen, das Feldgrau der Wehrmacht wie die Demütigungen in einer Kriegsgefangenschaft. Ich hatte das Glück der zu spät Geborenen wie auch der mitteldeutschen Landbevölkerung, die Krieg nur aus der Ferne kannte. Und als der unser Städtchen in der Altmark schließlich im April 1945 in Gestalt amerikanischer Shermanpanzer doch noch erreichte, hatte er sich schon über fünf Jahre lahm getobt. Von schrecklichen Kriegs- und Nachkriegserlebnissen blieb ich persönlich verschont.

Aber, dass auf einmal alles ganz anders als vorher war, das prägte sich tief ein, wenn wir auch vieles des in diesen Jahren Geschehenen später regelrecht verdrängten. Für unsere Jahrgänge begann ja 1945 erst das bewusste Leben.

Den Krieg – Frieden hatten wir nur als Kleinkinder erlebt, konnten uns nichts Rechtes darunter vorstellen – die Kluft der Pimpfe, Fliegeralarm, Feldpostbriefe von der Front, Arbeitseinsätze, um Bombentrichter in der nahe gelegenen Kreisstadt zuzuschütten, all das vergaßen wir schnell. Gräueltaten des Krieges auf beiden Seiten, von denen wir jetzt erfuhren, wollten wir nicht glauben, man verschwieg uns auch Vieles. Und was wir erfuhren, bewirkte, dass wir uns schämten. Es dauerte lange, bis ich verinnerlichte, dass unsere heldenhaften Soldaten wie Räuber und Mörder andere Völker überfallen hatten, und nun deren Heerscharen über uns gekommen waren, über uns in der Altmark gar erst Monate nach Kriegsende mit Panjewagen und Pferden. Mir kommen immer wieder die Worte meines Onkel Heinrich in Erinnerung, die ich als 13-Jähriger während seines letzten Urlaubs von der Ostfront aufschnappte. „Male", sagte er zu meiner Mutter, „das wird furchtbar, wenn die über uns kommen. Wir haben sie hinter Stacheldraht krepieren lassen."

Der jetzige Winter an der Pommerschen Ostseeküste, im Februar 2006, weckt in mir Erinnerungen an diese 40er Jahre. Es ist nicht nur die festgetretene Schneedecke, die sich damals auch wochenlang in meinem Heimatstädtchen hielt, auf der wir Kinder sogar mit Schlittschuhen liefen. Später in Halle, hielt sich der Schnee nie so lange. Wir genießen hier die Ostseeluft, wandern täglich zweimal mehrere Stunden meist am verschneiten und vereisten Strand. Die medizinischen Behandlungen sind eigentlich nur Zugaben. Das Entscheidende ist die Bewegung am Strand. Ob ich will oder nicht, hier an den Gestaden der polnischen Ostseeküste kann ich einfach nicht geschichtslos in den Tag leben.

Wie schon in Schlesien, im vergangenen Jahr, muss ich über die Geschichte der Polen und Deutschen nachdenken. Dabei zähle ich gar nicht zu den von hier Vertriebenen.

Ähnlich wie Schlesien hatte dieser Landstrich Pommern verschiedene Machthaber. Nach den deutschen und polnischen Königen, die im 10 Jh. in das von Slawen um 600 besiedelte Gebiet eindrangen, wechselten sich später als Herrscher Dänen-, Schweden-, Polen- und Preußenkönige ab. Im 19. Jh. hatte das Gebiet gar 7 Jahre französische Besatzung unter Kaiser Napoleon. Besonders geprägt wurde das Land aber von Deutschen und Polen. Die Christianisierung klappte erst beim zweiten Anlauf. Der Reiseführer vergisst bei der Durchfahrt durch das Dorf Cerkwica (früher Zirkwitz) nicht darauf hinzuweisen, dass Bischof Otto von Bamberg hier 1124/25 die Einwohner taufte. Ein 1824 errichteter „heiliger Brunnen" erinnert heute noch daran. An den ersten Versuch der Christianisierung um das Jahr 1000 mit Kaiser Otto III und König Boleslav dem Tapferen wird in Kolobrzeg sogar mit einem Milleniums-Denkmal erinnert, obwohl er scheiterte. Die große Zeit des Städtebundes der Hanse erläutert die Stadtführung in Kolobrzeg so selbstbewusst wie es in Lübeck und Rostock auch nicht anders geschieht. Im Heimatmuseum der Stadt wird von den früheren Bewohnern gesprochen, die nationale Zugehörigkeit kehrt man nicht hervor. Es waren Patrizier, reiche Kaufleute, fleißige Handwerker und Fischer. Pomorze, die am Meer Lebenden, ist ja eigentlich die wörtliche Übersetzung von Pommern. Man betont die Toleranz im früheren Großpolen, übrigens auch in religiöser Hinsicht. Die katholische Kirche duldete durchaus lange auch die protestantische Konfession und die griechisch-orthodoxe Kirche, gab vielen Juden ein Heimatrecht. Erst mit den drei Teilungen Polens wurde der Katholizismus zur vaterländischen alles bestimmenden Religion und erreichte mit dem polnischen Papst Paul II in den 70er Jahren des vergangenen Jahrhunderts einen absoluten Höhepunkt. 90 % der Polen bekennen sich heute zur römisch-katholischen Kirche. Man muss fast sagen: in Polen ist der Katholizismus Staatsreligion. Und doch spricht es von einer größeren Toleranz als vermutet, wenn in einem kleinen Städtchen wie Trzabiatow (früher Treptow an der Rega) drei Kirchen, neben der römisch-katholischen eine griechisch-orthodoxe und eine evangelische die Gläubigen zum Gottesdienst rufen. Das vergisst der Reiseführer natürlich auch nicht zu betonen.

Ich habe mich auf den Friedhöfen umgeschaut. Deutsche Gräber zu finden, hatte ich schon bei einem Besuch in Gdansk im Jahr 1997 aufgegeben. Auch bei uns in Deutschland werden ja im Normalfall viele Grabstätten nach 25 Jahren weiter vergeben. Aber die Gedenktafel im früheren Bad Flinsberg, gestiftet von der Gesellschaft der Freunde Swieradów Zdrójs findet hier in Ustronie Morskie ein Pendant. Gleich am Eingang des Friedhofs steht ein Gedenkstein, von einem Fritz Rogge gestiftet, mit folgender Inschrift: „In Erinnerung und zum Gedenken der Toten und Opfer des Krieges. Die Gemeinde Ostseebad Henkenhagen und Lindenhof. Anno 1993" Auf der anderen Seite des Steins steht der Text in polnisch. In Kolobrzeg, so erzählte uns der Reiseführer, hat man sowohl jüdische wie deutsche Grabsteine auf gesonderten Flächen gesammelt und aufgestellt. Eine lobenswerte Aktion. Fehlende Zeit gestattete uns leider nicht, beides in Augenschein zu nehmen.

Unser Eindruck von den hier heute lebenden Polen kann natürlich nicht gründlich sein. Die Sprachbarriere schränkt eine solide Kommunikation ein. Außerdem kommen wir im Wesentlichen nur mit den Beschäftigten des Sanatoriums in Kontakt: Jolianta, unsere Betreuerin, Pani Ivonka, die Physiotherapeutin, die Kellnerinnen, die Damen an der Rezeption und die Reinigungskräfte. Alle sind fleißig und freundlich. Sputen müssen sie sich, das können wir schon beurteilen, auch im Vergleich zu anderen Kuraufenthalten. Mittags und abends werden wir flott bedient. Wir sind immerhin etwa 100 Personen. Man kann natürlich nicht kommen, wann man will, sondern muss pünktlich sein, mittags 13:00 Uhr und abends 17:30 Uhr. Dann aber geht es ruck zuck. Die kalten Speisen stehen schon auf dem Tisch, auch das bestellte Getränk. Dann rollen zügig an: Suppe, Fleischgericht, Soßenterrine, Kartoffeln meist in Gestalt eines Püreekloßes oder auch Nudeln, Reis und das Gemüse. In einer halben Stunde ist alles vorbei. Auch morgens dauert das Frühstück nur eine Stunde, obwohl dann ein Büfett zur Selbstbedienung lädt und wegen der schon um 7:00 Uhr angesetzten Behandlungen nicht alle Kurpatienten pünktlich um 8:00 Uhr in den Speisesaal kommen können. Wie wir beobachten, zeichnet das gesamte Betreuungskollektiv sichtbarer Fleiß, flinkes Arbeiten und auch ein sich gegenseitiges Ergänzen und Helfen aus. Jolianta, unsere Betreuerin, Dolmetscherin und Ansprechpartnerin sieht man z. B. überall mit zupacken. Sie übernimmt Dienst an der Rezeption, bedient und räumt mit ab. Fleiß und flinkes Arbeiten ist das eine. Ja, und dann verstehen die polnischen Mädels und Frauen sich auch zu kleiden. Selbst bei hässlichem Wetter fällt das auf. Übrigens nicht nur in Kolobrzeger Zentrum oder auf der Mole in Miedzyzdroje. Dort sieht man auch die mondänen, die „ärmeren" mit Pelz und Stöckelstiefel, nein, ich meine die einfachen jungen Mädels, Gymnasiastinnen, junge Frauen, die zur Arbeit oder zum Einkauf eilen. Selbst bei Schulkindern merkt man schon das Modebewusstsein. Eine Baskenmütze kann man eben so oder so tragen, und offensichtlich steht der Geschmack nicht in direkter Proportion zum Geldbeutel.

24% Arbeitslose im Kreis Kolobrzeg, weggebrochene Industrie, die Landwirtschaft im Kampf mit der wesentlich kürzeren Vegetationsperiode im Jahr als in den südlicheren Wojewodschaften, und das sich entwickelnde Kur- und Tourismuswesen hat auch Schwierigkeiten. Die Ostsee ist nicht das Mittelmeer, sondern eine kapriziöse Dame. Hier an der Küste Kolobrzegs ist die Meeresströmung gar noch kälter als weiter östlich bzw. westlich. Ohne Moor- und Solequellen wäre die Saison sicher noch kürzer. In Ustronie Morskie, jetzt im Februar, fühlen wir uns einsam und verlassen. Die 100 Kurgäste des Sanatoriums Cechsztyn scheinen die einzigen im Ort zu sein. Hotels und Kurhäuser gibt es zwar viele, sie stehen aber leer, werden renoviert, auf die Saison vorbereitet. Eine einzige Kneipe, eine Pizzeria, arbeitet abends, ein zweiter Pub hat noch die ulkige Öffnungszeit von 12:01 Uhr bis 17:59 Uhr, ansonsten tote Hose. Dabei wimmelt es von Pubs,

Tavernen, Fischstübchen und anderen Gaststätten, zurzeit allerdings geschlossen. Die Geschäftsidee der Touristenorganisation interferie und Polster & Pohl von November bis März Busladungen mit Senioren für 14 Tage hierher zu fahren, im Paket 20 Behandlungen neben Logis und Vollverpflegung preisgünstig anzubieten, rechnet sich offensichtlich für die Veranstalter wie für die Senioren. Selbst bei schlechtem Wetter lohnt allein die Ostseeluft, die wir in Mitteldeutschland ja nicht in Dosen angeboten bekommen.

Den polnischen Menschen wachsen auch keine Bäume in den Himmel. Leerstehende Wohnungen wie in unseren Großstädten finden wir zwar weniger. Wir beobachten sogar eine rege Bautätigkeit, sehen Rohbauten, deren Vollendung nur der Winter unterbrochen hat. Bei den Neubauten merkt man natürlich den Unterschied von Arm und Reich, wirklich prachtvolle Villen und einfache Einfamilienhäuser wie rings um unsere Großstädte. Besonders gefällt uns die völlig neu aufgebaute Altstadt in Kolobrzeg. Den internationalen Preis dafür haben die polnischen Architekten völlig zu Recht bekommen. Die Sorge um einen gesicherten Arbeitsplatz klingt in allen Gesprächen an. Unsere Kontaktpersonen sind froh, dass sie eine Arbeit haben, wenn auch der Lohn nicht hoch ist. Pani Ivonka, unsere Physiotherapeutin, Mutter zweier Kinder und 39 Jahre alt, freut sich darauf, dass ihr Mann in Kürze wieder aus Deutschland zurückkommt, wo er in Duisburg zeitweilig Arbeit fand. Jerzy, rüstiger Rentner, Spezialist für Gießereiwesen, wie er stolz betont, hat im Krieg den Vater aus den Augen verloren. Der blieb in Deutschland, ist inzwischen gestorben, fand den verschollenen Sohn aber mit Hilfe des Suchdienstes wieder, konnte ihn auch im Testament berücksichtigen. Jerzy lehnte es aber ab, in die Bundesrepublik zu übersiedeln, baute sich hier als Neubürger in Ustronie Morskie eine berufliche Existenz auf, gründete eine Familie, schuf sich am Ostseestrand eine neue Heimat. Voller Stolz zeigt er uns die Fotografie seiner hübschen Enkelin. Eins fällt bei Kontakten mit polnischen Bürgen noch auf. Sie gehen wohl meist davon aus, dass Deutsche, die hierher als Touristen kommen, auch hier geboren sein müssen. Ein alter Mann, der mit mir vor zwei Todesanzeigen, die in der Nähe der Marienkirche in Kolobrzeg an einen Baum gepinnt waren, ins Gespräch kommt, meint auf das erreichte Alter der Verstorbenen von 100 bzw. 95 Jahren anspielend: „Gesegnetes Alter, ich werde 85." Er setzt voraus, dass ich in Pommern geboren bin, will unbedingt wissen in welcher Stadt. Ich habe es schwer, ihm deutlich zu machen, dass ich aus Mitteldeutschland komme.

Obwohl auch hier alle Polen, mit denen wir Kontakt haben, Neubürger sind, scheinen sie mehr als wir es in Swieradów Zdrójs beobachtet haben, fester mit ihrer neuen Heimat verwurzelt. Sicher ist es richtig, bei allem Erinnern an die schlimmen Zeiten des Krieges und der Vertreibung, Kurs auf das in welcher Form und Verfassung auch immer zu gestaltende Europa zu nehmen. Vielleicht ist die hier beobachtete Praxis der Geschichtsdarstellung, nämlich das Betonen des Gemeinsamen unserer beiden Völker von Otto III und Boleslaw dem Tapferen angefangen über die ruhmreiche Zeit der Hanse und Großpolens im Mittelalter bis in die Neuzeit hinein, sogar beispielhaft für das zusammenwachsende Europa. Dann können die heute noch Lebenden die Polen mit einem P im gelbem Aufnäher, den Krieg und die Vertreibungen auf den entsprechenden Platz in der Geschichte rücken. Für unsere Kinder und Enkelkinder ist es ohnehin bereits Geschichte.

„Freie" Erziehung

Februar 2006

Ich bin gegen jegliche Prügelstrafe, bin dagegen, durch Hervorrufen von Angst und Furcht zu erziehen. Das heißt nicht, ohne Autorität zu erziehen. Autorität muss aber durch Wissen und größere Erfahrung erworben, muss durch Verständnis und Toleranz gesichert, auf keinen Fall von der größeren Macht bestimmt werden. Es kommt darauf an, der heranwachsenden Generation deutlich zu machen, dass man sich einordnen, nicht in jedem Fall unterordnen muss, dass es Grenzen gibt und es nützlich ist, sie rechtzeitig zu erkennen, dass nicht alles gelingt, was man sich vornimmt.
Ist man erst einmal Präsident der Vereinigten Staaten von Amerika, ist es zu spät. Dann erkennt man keine Grenzen mehr, alle Andersdenkende sind Terroristen und Ratschläge nimmt man nur noch vom Herrgott selbst an.

Abschließende Gedanken zum Projekt Perlon und Parolen

März 2006

Das Projekt geht zu Ende, die zahlreichen Begegnungen und Gespräche, die mit ihm begannen, hoffentlich nicht. Wie schon im ersten Heft formuliert, befürchtete ich, dass allein der Titel „Perlon und Parolen" eher Vorurteile und Voreingenommenheiten festigt, statt uns einander näher zu bringen. Von meiner Seite war es mehr Trotz: Nun machst du gerade mit. Ich bereue es nicht. Sehr schnell waren wir uns einig, dass es Parolen auf beiden Seiten gab, Perlon auch. Mehr, die Erfinder des eigentlich provozieren sollenden Titels mussten erfahren, dass diese Chemiefaser aus Wolfen kam, nach langen Umwegen wieder nach Deutschland zurückkehrte und auch im Osten produziert wurde. Bildmaterial im ersten Heft beweist es.

Die vielen Gespräche, das Festgehaltene in Schrift und auf anderen Datenträgern, vor allem aber die persönlichen Erinnerungen an die zahlreichen Begegnungen haben Brücken geschlagen, Vorurteile abgebaut, uns einander näher gebracht. Rein sachlich mussten wohl zunächst beide Seiten zur Kenntnis nehmen, dass der Alltag der fünfziger Jahre in Hildesheim und Halle so unterschiedlich wie vermutet nicht war. Besonders die Bilder in den drei Zeitschriften zeigen mehr Gemeinsames als Verschiedenes. Für die meisten der Akteure zeigen sie unsere Jugend, sind deshalb nicht frei von Nostalgie. Das wussten wir aber vorher. Wollten wir Jugenderinnerungen vermeiden, hätten wir Zeitnäheres thematisieren müssen.

Bei allem Vergleichbaren wurden aber doch die Unterschiede in unseren Biografien, auch sich widersprechende Lebensauffassungen deutlich. Wird das bei Begegnungen, in Gesprächen ohne Besserwisserei, sozusagen „in Augenhöhe" einander gesagt, kann es nur gut sein. Wir können sicher von einander lernen. Solche Gespräche bereichern beide Seiten, lassen uns einander besser verstehen. Ich glaube überhaupt müssten Dialog und Begegnung die „Zaubermittel" werden, die Menschen und auch Völker einander näher bringen, nicht Konfrontation oder „Kreuzzüge gegen das Böse".

Ich möchte noch eine andere Erkenntnis aussprechen. Trotz des Slogans meines Gesprächspartners in Hildesheim „Ohne Moos nix los", sah ich in Hildesheim wie bei uns in Halle, dass neben dem „Moos", dessen Rolle ich überhaupt nicht schmälern will, die Bereitschaft vieler Menschen, sich ehrenamtlich einzubringen, ohne vordergründig, die Frage nach dem „Moos" zu stellen, eine weit größere Bedeutung im gesellschaftlichen Leben hat als auf den ersten Blick wahrnehmbar. In der Tat wären wohl viele Vereine und soziale Projekte in Hildesheim und Halle gestorben, stände dahinter nicht das Engagement vieler. Das hat unsere Eltern nach dem fürchterlichen Krieg, in dem sie ja Opfer *und* Täter wurden, dazu gebracht, Deutschlands Ansehen in der Welt wieder aufzubauen. Diese Erkenntnis sollte uns auch heute helfen, mit den Gegenwartsproblemen besser fertig zu werden.

Nochmals „Wohin?"

Februar 2007
Diese Frage stellte ich schon in der Überschrift, kam mehrmals darauf zurück. Heute geht es mir nicht anders. Beklommen muss ich erkennen: Zuviel läuft in die verkehrte Richtung, der vor uns liegende Berg von Problemen wird nicht kleiner. Wir sollten uns schon fragen: „Was hinterlassen wir den uns nachfolgenden Generationen?" Einst wollten wir doch die Welt zum Besseren verändern, und jetzt scheint dieses Ziel ferner zu liegen als zu Beginn des vergangenen Jahrhunderts. Ellenbogengesellschaft, „Heuschrecken", Haifischkapitalismus, entfesselte Globalisierung, das sind alles Begriffe, die wir in jungen Jahren noch nicht kannten. Sie umschwirren uns jetzt. Und dann sagt man mir, das alles sei unumgänglich, alternativlos, Sachzwängen geschuldet, sogar in der Natur des Menschen begründet. Nein, da bin ich anderer Meinung und finde immer wieder Gleichgesinnte, auch dort, wo ich sie nicht vermutete.
Vor kurzem las ich in einem Interview:

> *„Ich bin aus meiner Lebenserfahrung heraus fest davon überzeugt, dass eine Menschheit, die nur das Haifischtum kultivieren und keine anderen sozialen Bindungen untereinander zulassen will als das Geld, auf Dauer weder existenzfähig noch vorstellbar ist. Daher meine Zuversicht, dass auch die Globalisierung gebändigt wird: durch Menschlichkeit, durch Rücksichtnahme, durch Solidarität. Das sind übrigens die Elemente, die sich in den Wellen-bewegungen der Geschichte letztlich immer wieder behauptet haben."*

So wörtlich – nicht von einem Vertreter der Heilsarmee, nicht von einem Linken, keinem Attac-Anhänger, nein – vom Ex-Daimler-Chef Edzard Reuter.

Sicher, von allein wird das nicht werden. Vor allem müsste erst mal darüber **nachgedacht** werden. Ist dazu nicht die Wissenschaft gefragt? Müsste sie sich nicht davon befreien, vorrangig „Verfügungswissen" für den schnellen Profit bereit zu stellen? Müsste sie sich nicht mehr der Frage widmen: „Wohin gehst du, Menschheit?"

Wenn denn schon ehemalige Wirtschaftskapitäne zur Erkenntnis gelangen „So nicht", sich auf die positiven Werte der Geschichte besinnen, sollten wir da nicht auch auf jene Stimme hören, die schon im 19. Jahrhundert wusste:

> *„Erst wenn eine große soziale Revolution die Ergebnisse der bürgerlichen Epoche, den Weltmarkt und die modernen Produktivkräfte gemeistert und sie der gemeinsamen Kontrolle der am weitesten fortgeschrittenen Völker unterworfen hat, erst dann wird der menschliche Fortschritt nicht mehr jenem heidnischen Götzen gleichen, der den Nektar nur aus den Schädeln Erschlagener trinken wollte."* [8]

Darüber sollten wir nachdenken, auch wenn das 21. Jh. nicht mit dem 19. verglichen werden kann, und die jetzige Globalisierung damals noch nicht erkannt wurde. Entscheidend ist doch in welche Richtung die Menschheit geht, ob sie die Existenzgrundlage für unsere Enkel selbst vernichtet oder solche Bedingungen schafft, die ein friedliches Zusammenleben der Völker garantieren.

---

[8] *Karl Marx, Juli 1853 in „Die künftigen Ergebnisse der britischen Herrschaft in Indien". Marx-Engels-Werke Bd. 9 Dietzverlag Berlin Seite 226*

Inhalt

Zempin auf Usedom	7
Frühling an der slowakisch-österreichischen Grenze	10
Aus Briefen an Sharika P.	12, 15, 23, 31, 48
Tagebuchaufzeichnung	13
Herbst auf Hiddensee	17
Weihnachten 1992	18
Gewinner der deutschen Einheit	20
Nachtrag zum „Frühling an der slowakisch-österreichischen Grenze"	23
In Versailles	24
Erneut an der slowakisch-österreichischen Grenze	27
Mein 66. Geburtstag	32
Wohin driften wir?	33
„Dass nie eine Mutter mehr ihren Sohn beweint"	37
An meine Frau Inge	39
Kein Geld, kein Geld!	43
Ins neue Jahrtausend!	44
Theresienstadt	49
Leere Stühle	50
Inferno oder völlig neues Miteinander?	51
Klein, aber oho!	53
Gedanken zu Weihnachten	55
Der Verein und das Amt	56
Ein normaler Wintermontag	61
Friedensgebete und Montagsdemonstrationen	63
Kriegsbeginn	65
Gedanken an Leningrad	66
Gott und Geld	68
Aus der Begrüßung zum Treffen der ABF II	68
Aus Briefen an Klaus Sch. in Karlsruhe	69

Gedanken zum Internationalen Frauentag	80
Aus einem Brief an Hartmut K. in Karlsruhe	82
Perlon und Parolen	84
Gedanken während einer Kur im polnischen Isergebirge	85
Gegen Atomwaffen und Kernenergie	91
Erinnerungen und Beobachtungen	98
„Freie" Erziehung	105
Abschließende Gedanken zum Projekt Perlon und Parolen	105
Nochmals „Wohin?"	107

Der Autor

Günther Mainzer

- 1931 in einer Arbeiterfamilie in der Altmark geboren
- Modelltischlerlehre
- Abitur an der ABF in Halle
- Studium am pädagogischen Institut in Leningrad
- Physikdozent und Studiendirektor an der ABF-II in Halle
- Vorsitzender der Universitätsgewerkschaftsleitung
- Direktor für internationale Beziehung in der MLU
- Rentner
- seit Sommer 2004 Vorsitzender des Senioren-Kreativ-Vereins

Veröffentlichungen

In den Anthologien des Senioren-Kreativ-Vereins Halle e.V.:
„Herbstzeitlese", „Küchengeschichten", „Am Anfang war alles zu Ende", „Kindheitsräume" und „Halle, mein Halle".

Im Projekte-Verlag - Halle: „Biographische Notizen".

Erich Krause

Das Leben eines Deutschen

In fünf verschiedenen Herrschaftssystemen

Geboren wurde der Autor in Baden bei Wien. Die Kinder- und Jugendjahre verbrachte er in Süd-Afrika und in der Heimat, im Sudetenland, wo er im Eltern- und Urväterhaus aufwuchs. Angeborene Gene und frühzeitige einschneidende Erlebnisse im Krieg und in der Nachkriegszeit haben das Leben, Erleben und Überleben geprägt. Viele schöne Jahre werden durch Schilderungen nacherlebt, aber auch Straßen des Todes mussten schon in jungen Jahren begangen werden.
Immer mehr geistige Ausprägungen und Erfahrungen lassen die Einmaligkeit von fünf vollkommen unterschiedlichen Gesellschaftssystemen überstehen.
Der kritische Erkenntnisgewinn im Kapitel 5 vermittelt letztendlich den Optimismus für unsere und spätere Generationen.
Viel Bildmaterial unterstützt die Authentizität des schriftlichen Erinnerungsberichtes.

ISBN: 3-86634-055-9	Umfang: 192 Seiten	Verarbeitung: Hardcover
Format: 20,2 cm x 14,5 cm	123 SW-Fotos	Preis: 19,50 Euro

Gerhard Thielemann

ABSTURZ
Wie ich den Niedergang der DDR erlebte

Eine Chronik der politischen
Wendeereignisse 1989/90

Ich empfand den Niedergang der sozialistischen DDR wirklich wie einen Absturz aus einem gradlinigen Leben voller erfüllter Inhalte, einem Leben in einer zutiefst humanistischen Gesellschaft, die einen bescheidenen aber ausreichenden Wohlstand bot, in das genaue Gegenteil. Der DDR-Staat sollte keineswegs nur als SED- und 'Stasi'-Staat begriffen werden. Ich identifiziere mich mit ihm und mir gelang ein Qualifizierungs-Aufstieg bis zu einem akademischen Grad. Ich bekam Führungspositionen in der Wirtschaft der DDR überantwortet, ohne Mitglied der Staatspartei SED gewesen zu sein. – Und mit der politischen Wende stürzte ich, wie sicherlich auch viele andere in der DDR, in einen tiefen gesellschaftlichen Abgrund. Alle Werte, die mir etwas bedeuteten, gingen dabei mit unter. In meinem Buch „ABSTURZ" will ich anderen Menschen vor Augen führen, wie ich zusammen mit Freunden gehofft und gebangt habe, unsere DDR, unser Vaterland, möge erhalten bleiben und sich neu formieren zu einem offenen sozialistischen Staat; und wie dann doch alle Hoffnungen schwanden und der Kapitalismus unser Land vereinnahmte. Dies nenne ich den „Absturz", deshalb so auch der Titel meines Buches.

ISBN: 3-938227-06-0 Umfang: 144 Seiten Verarbeitung: Paperback
Format: 19,6 cm x 13,8 cm   Preis: 9,80 Euro